GABRIEL GARCÍA DE ORO

UN ATAQUE DE RISA

edebé

Paseo de San Juan Bosco, 62
08017 Barcelona
www.edebe.com

Atención al cliente 902 44 44 41
contacta@edebe.net

Directora de la colección: Reina Duarte
Diseño gráfico de las cubiertas: César Farrés
Fotografía de portada: iStockphoto/Thinkstock

7.ª edición

ISBN 978-84-236-9984-1
Depósito Legal: B. 25-2011
Impreso en España
Printed in Spain
EGS - Rosario, 2 - Barcelona

A mi hermano Luis,
que me regaló la chispa de esta historia.

La raza humana
tiene un arma verdaderamente eficaz: la risa.

Mark Twain

1. Un ataque distinto a cualquier ataque

Cuando abrió la puerta de la habitación y vio a su hijo encorvado, sudando, desencajado y tosiendo, se asustó.

—Mario..., ¿estás bien? —preguntó sabiendo que no era la manera más original de ayudar a su hijo.

No hubo respuesta. Mario no se había dado ni cuenta de que su padre había entrado en la habitación. Siguió convulsionándose encima de la cama, dejando escapar unos sonidos rasgados, como una tos salvaje que nacía de la barriga, no de los pulmones o de la garganta. De golpe, sin avisar, sin que nada hiciera pensar que eso iba a ocurrir, todo se detuvo y Mario consiguió respirar unas cuantas veces seguidas sin explotar. Luego miró a su padre con una mueca que estaba entre el dolor y la alegría más absoluta. Sus ojos brillaban por culpa de unas lágrimas que le resbalaban por las mejillas y le hacían moquear la nariz.

—Dime qué te pasa... Voy a llamar a una ambulancia. Todo va a ir bien —dijo queriendo transmitir tranquilidad y sin comprender qué podía ser ese ataque tan distinto a cualquier ataque que él recordara.

—Perdona, papá, pero… no es nada. Sólo es que…

—¿Qué? Dime, hijo, ¿qué te ocurre?

—Es que me ha dado un ataque de risa.

Y dicho esto volvió a tumbarse en la cama para soltar unas cuantas carcajadas más. Su padre, cuanto menos preocupado estaba, más enfadado se sentía.

2. *Entre el chiste y la pared*

No quería levantarse. No podía. Quería dormir un rato más, sólo un ratito más... Estaba tan cansado...

Sabía que era imposible. Sus padres no le iban a perdonar el día de instituto, no iban a tener compasión, y menos después de haberlos despertado con este ataque de risa. Si hubiera sido de tos aún, pero habiendo sido de risa, sabía que no tenía nada que hacer; sólo podía levantarse y hacer como si no hubiera pasado nada.

Pero estaba tan cansado...

Le dolía todo el cuerpo, sobre todo las piernas, la barriga y la mandíbula, como si en lugar de dormir y descansar hubiera estado bailando y gritando frenéticamente. La culpa no había sido del baile, no. Todo había sido por culpa de mirar el móvil y, en especial, de Segur, que le había mandado dos mensajes seguidos para explicarle el último chiste que corría por el instituto. Era muy, muy, muy, pero que muy bueno, y aunque se estaba muriendo de sueño y estaba cansado, si pensaba en el chiste volvía a asomársele una sonrisita que amenazaba con descontrolarse, con convertirse de nuevo en carcajada, en dolor.

No podía permitírselo. Si salía de la habitación en medio de otro ataque de risa, sus padres no tendrían ninguna duda, pensarían que su pobre hijo se había vuelto loco y concertarían una cita con el psicólogo del instituto, el profesor Aunque, como le llamaban todos.

«No, no me he vuelto loco —pensaba Mario, divertido, mientras inspeccionaba su armario en busca de alguna camiseta—, simplemente el chiste se me ha quedado en la CPU y me ha vuelto a hacer gracia mientras dormía, simplemente eso. Bueno, aunque dicen que un loco nunca cree que está loco…»

Este pensamiento no le hizo tanta gracia. Lo sacudió de su cabeza como un perro se saca el agua de encima y salió de su habitación con el objetivo de desayunar tranquilamente y comprobar que, después de todo, podía controlar la risa que le había atacado en mitad de la noche.

Sus padres no se lo pusieron fácil. Cuando apareció por la cocina enmudecieron, fijaron sus ojos en él, interrogándole en silencio, esperando algunas palabras, alguna explicación que, por supuesto, no llegó.

—Buenos días —fue lo único que dijo Mario, como si fuera una mañana cualquiera.

—¿Te lo has pasado bien esta noche, hijo?

Su padre estaba enfadado, no había duda. Ni siquiera le había devuelto los buenos días. Había pasado a la acción directamente. Mario calló.

—Cuando he entrado en tu habitación he pensado que te pasaba algo, no sé, que te…

«Te habías vuelto loco», pensó Mario completando la frase que su padre no había querido o no se había atrevido a terminar.

—Es que Segur me contó un chiste, sólo eso —se apresuró a contestar Mario sin saber que esa respuesta, irremediablemente, le llevaba a un callejón sin salida—. Me hizo mucha gracia y me desperté riendo en mitad de la noche. Fin de la historia.

—Bueno, supongo que es mejor que rías que no que llores. Pero tu padre se ha asustado, por eso está tan serio.

¿Su madre al rescate? Parecía que sí. Quería creer que sí. Un poco más de silencio. De normalidad. No había duda, esas palabras tenían toda la intención de calmar la situación. Su madre lo había entendido. ¡Había sido un chiste! Nada más que un chiste, algo malicioso, eso sí, pero un chiste al fin y al cabo.

Pausa. Silencio. Tranquilidad.

Sí. Prueba superada. Ahora podría desayunar tranquilo. A no ser que su madre añadiera algo como…

—Nos podrías contar el chiste, ¿no? Si es tan bueno… A mí me iría bien empezar el día riendo, y a tu padre también. Mira qué cara se le ha quedado —dijo haciendo una mueca cariñosa dirigida a su marido, que contestó con otra mueca algo menos cariñosa, como diciendo «Ya está, siempre soy yo el exagerado y tú quedas como una madre buena y equilibrada».

—Mario, como siempre, tu madre tiene razón. Cuéntanos el chiste, explícanos eso tan gracioso que te ha contado tu amigo Segur casi pasada la medianoche y que ha hecho que yo tuviera que levantarme para ver qué demonios ocurría en la habitación de mi hijo.

—No os va a gustar… Es que…

—Vamos, no seas tímido. Tú cuentas muy bien los chistes —insistió con una falsa ternura su madre, que no aceptaría un no por respuesta.

—Pero…

Mario no siguió. Había llegado al final de ese callejón sin salida en el que se había metido sin pensar, o mejor dicho, por no pensar sus palabras. Ahora estaba entre el chiste y la pared, y no podía elegir la pared. Lo sabía: tenía que contar el chiste o nunca conseguiría salir de esa cocina. Un último intento, tal vez…

—Es que es un poco… —buscó en su cabeza algún sinónimo de «guarro», pero sólo encontró—: es un poco… ¿picante?

—No te preocupes, tu padre y yo ya somos mayorcitos.

—Está bien. Ahí va el chiste, pero si luego os levantáis en mitad de la noche medio ahogados por la risa, no digáis que no os lo he advertido —dijo tratando de resultar gracioso, de romper un poco el hielo, porque si tenía que contar aquel chiste era mejor que sus padres se rieran y entendieran el porqué de su ataque de risa nocturna.

3. ¿Y sabéis qué dijo entonces el profesor Black Pons?

Lo hizo bien.

Lo más complicado fue sin duda superar la vergüenza que sentía, la incomodidad de contar un chiste a sus padres que mezclaba sexo, algo de maldad irreverente hacia un profesor de la escuela y una situación extraña y delirante que terminaba en una situación aún más extraña y delirante. Pero se tragó la vergüenza para después afrontar el otro gran reto: no reír. Mario era consciente de que no hay nada más lamentable que ver cómo alguien que cuenta un chiste se ríe solo. No lo hizo.

Una vez superados los dos primeros obstáculos, Mario se metió dentro de la historia y la contó como si estuviera explicando algo muy serio, muy trascendental, lo que ayudó a potenciar el efecto cómico del chiste. Además, hizo las pausas necesarias, las inflexiones de voz correctas y consiguió no dar demasiados detalles en el planteamiento. Simplemente se aseguraba de que sus padres habían entendido el escenario de la trama y seguían adelante, sin pensar en si estaban predispuestos a reír o no.

Justo antes del desenlace, de aquel momento mágico en el que uno se juega el premio de la carcajada o el reproche de la indiferencia, Mario exageró la pausa, miró seriamente a sus padres a los ojos y les preguntó:

—¿Y sabéis qué dijo entonces el profesor Black Pons, o sea, Lord Mamón?

Por supuesto, sus padres ni pestañearon y mucho menos movieron la cabeza para decir un obvio «No, no sabemos qué es lo que dijo el profesor Black Pons, o sea, Lord Mamón». A Mario le dio igual porque entonces, después de unos tres calculados segundos, lanzó la respuesta, la pirotecnia final del chiste, el momento de la explosión de las carcajadas, de la risa, de las caras rojas y la tos incontrolada.

Nada de eso.

Su padre quiso reír, sin duda. Una sonrisa se le escapaba por debajo de la nariz, pero fue reprimida por un severo:

—No te rías, Ernesto. Ni se te ocurra reírte. No tiene ninguna gracia. A mí, el profesor Pons me parece una persona seria y educada que no merece una broma como ésta. Es el profesor nuevo y eso hace que sea el centro de todas las burlas y las maldades de éstos... Estos chistes, por inofensivos que parezcan, hacen mucho daño y no son justos...

—¡Si yo no me he reído! —protestó el padre mordiéndose los carrillos, como hacía cuando él mismo iba a la escuela y le entraba la risilla floja—. Eres tú la que te estás riendo.

—No, yo no...

La madre se vio traicionada por lo que podría parecer un estornudo repentino. No lo era. Estaba riéndose sin querer. No lo pudo evitar. Estaba luchando para detenerse, para parar y dar ejemplo. Le costó unos momentos, pero finalmente consiguió ponerse seria y decir:

—Está bien, Mario. No me voy a enfadar contigo porque yo te he pedido que nos contaras lo que ayer te hizo tanta gracia, pero te voy a dar un consejo y espero que me escuches.

En ese momento al padre se le escapó un bufido, como si se hubiera atragantado de repente. Incluso escupió un poco de algo, podía ser saliva o café con leche. A nadie le importó. No hizo falta decir nada. Se secó su espesa barba blanca, asegurándose de que nada se quedara decorándola, y luego añadió, hablando consigo mismo:

—Un poco más y me mancho la camisa.

—Bueno, Mario, como te estaba diciendo, te voy a dar un consejo. De acuerdo, lo acepto, el chiste es gracioso, no tanto como para montar el numerito que has montado esta noche, pero es gracioso. Sí, señor. Ya has visto que a tu padre y a mí nos ha hecho gracia, sería estúpido ahora intentar ocultarlo…

—¿Y dices que eso lo ha inventado tu amigo Segur? No lo hacía yo tan ingenioso.

—Bueno, no lo sé, él sólo me lo ha contado. Puede que lo haya inventado él, pero…

—Por favor, ¿me dejáis acabar? Me gustaría no ser yo la única que…

—De acuerdo, perdona, de acuerdo… Escucha a tu madre, Mario.

—Lo que te quiero decir y no hay manera... es que será mejor que no lo cuentes. Te puede traer problemas. Es un chiste que, más allá de ser gracioso o no, es muy ofensivo y no creo que el profesor Pons se lo merezca. Pero como es el profesor nuevo... pues todos os sentís más fuertes para meteros con él. Pero yo que tú, escúchame bien, yo que tú, no participaría en difundir este chiste que, dicho sea de paso, dudo mucho que lo haya inventado Segur, porque si fuera tan inteligente sabría que es mejor no contar esas cosas por mensaje y dejar escrita la prueba del delito. En fin, allá tú, yo ya te he dado un buen consejo. Ahora, como siempre, haz lo que quieras.

Cuando parecía que todo había terminado y Mario estaba poniendo su mejor cara de haber comprendido a la perfección las palabras y el consejo de su madre...

—Si no aguantas sin contarlo —añadió el padre—, cambia al protagonista. Hazme caso. Porque lo va a contar, estoy convencido —dijo mirando a su esposa—. Si después de todo no puedes evitar contarlo y quedar como un tío molón —hizo un movimiento que pretendía ser juvenil y que a Mario le parecía ridículo—, no uses al profesor Pons, cambia el nombre. Hazme caso..., cambia el nombre. Pro-té-ge-te.

—Te puede traer problemas —insistió la madre.

Mario aguantó el festival de últimas frases de sus padres. Una vez terminaron, finalmente consiguió irse al colegio y reflexionar acerca de los consejos que había recibido.

4. Ni cambios ni problemas

¿Cómo iba a dejar escapar una ocasión así? ¿Cambiar el nombre? ¿Esconder al protagonista? Su padre no había entendido nada. La gracia estaba en el protagonista, ahí estaba el centro del chiste. Si lo cambiaba, todo se venía abajo. Nadie se reiría. A nadie le interesaría un chiste que empezara diciendo: «¿Sabes aquél del señor Totó?». No. No pensaba cambiar al protagonista. Mantendría la historia tal y como había sido creada. Había que respetar al autor, después de todo. Además..., ¿problemas? ¿Qué problemas? Él no había creado el chiste. Él sólo se había reído. En todo caso, sería Segur quien tuviese problemas. Mario no quería que su amigo tuviera problemas, pero estaba claro que si había mandado muchos mensajes a demasiados móviles, al final, si el asunto se complicaba, él sería el principal sospechoso y el único que tendría una irrefutable prueba en su contra. ¿Pero él? ¿Qué había hecho él? No iba a hacer nada. No pensaba contarlo en medio de la clase, gritando y haciendo un gran corrillo. No. Mario tenía otros planes. ¿Contarlo? Por supuesto. Pero sólo a una persona. Sólo a ella. Una vez y ya. Nada más que una vez, y por una vez no iba a introducir cambios… y por una vez tampoco iba a traerle problemas…

Al menos eso creía Mario.

5. *Ella*

¡Ella!

Hacía ya un par de años que Ella formaba parte de sus primeros pensamientos del día y de los últimos de la noche. Pero a pesar del tiempo, de tanto tiempo, seguía tan perfecta y espléndida en su imaginación como el primer día en el que se dio cuenta de que ella era Ella. Y Ella le tenía absolutamente atrapado, embobado, e incluso idiotizado, según le había reprochado en más de una ocasión Segur.

Y lo peor era que tenía razón, y Mario, por mal que le sentara hablar de ella con Segur, tenía que admitir que no sólo estaba idiotizado sino también acobardado. Y eso... no le pasaba con nadie. Nunca, nunca, nunca le había pasado con nadie algo así, pero ella le convertía en el cobarde que nunca pensó llegar a ser. Y cobardemente mantenía una falsa amistad. Tal vez ella pensara que eran amigos, pero Mario no quería ser su amigo. Ya tenía amigos. Segur era su amigo. Manu era su amigo. Sonia era su amiga. Pero Ella, ella no. El problema era que Mario nunca se lo había dicho. ¿Para qué? Ya sabía la respuesta. Y prefería seguir siendo un cobarde toda su vida que tener que oír eso de «Me gustas, pero de otra manera..., es que tú y yo somos amigos y no podemos estropearlo».

Así, gracias a su falta absoluta de coraje, había aprendido a vivir en la frontera. Era un frontera desértica, inhóspita, olvidada de cualquier señal de civilización, de cualquier signo de esperanza. Le daba igual. Por ella estaría allí, apostado en el campamento. Viendo cómo otros se acercaban. Viendo cómo otros conseguían salir con ella. Alegrándose en silencio cuando esos otros la dejaban o cuando eran dejados, celebrando cada fracaso como si fuera una oportunidad para su éxito.

Él con ella era así, y a ella le iba a contar el chiste. Sólo se lo iba a contar a ella, así que sus padres no iban a tener que preocuparse por si le pillaban o no. Se lo contaría en secreto, íntimamente, de cerca, y entonces, cuando acabara de contárselo, la vería reír y él reiría con ella, pero sin perder detalle de cómo echaba la cabeza hacia atrás, cómo abría la boca y con los dientes apuntaba al cielo, cómo achinaba sus ojos ya de por sí algo rasgados, cómo estiraba su piel ligeramente tostada acompañando sus labios que se enrojecían conforme el día iba avanzando, como si anunciaran la puesta de sol... Ella reiría y a él le gustaría verla reír.

Sólo había un peligro, algo que podía hacer fracasar su plan. No podía dejarse vencer por la vergüenza. El chiste incluía una dosis de sexo suficiente como para que él, delante de Ella, se ruborizara. No le pasaba con nadie más. De nuevo, con nadie más que con Ella. Por lo general no tenía problemas en contar ciertos chistes picantes, como había dicho a sus padres encontrando el sinónimo más elegante posible. Sin embargo con Ella era distinto, era como explicitar algo que él quería mantener en secreto, algo que, en definitiva, le hacía estar intranquilo. Por suerte, había ensayado el chiste con sus padres, y eso, pensaba Mario, seguro que le iba a servir para explicar el que sin duda era el chiste del año… o de la década… o…

6. El lugar perfecto

—No quiero oír ningún chiste, Mario. Me duele un poco la cabeza y no estoy para bromas.

—Pero...

—Mario, prefiero que me lo cuentes luego...

¡Mario! Le gustaba que le llamara Mario. Casi todos en el colegio preferían llamarle Mayor, incluso algunos profesores le llamaban así. Sólo ella le llamaba por su nombre. «No me gustan los apodos», le había dicho en una ocasión en la que él le había preguntado por qué no le llamaba como los demás, esperando obtener una respuesta del tipo «Porque no quiero ser como todos, quiero ser especial para ti». No hubo una respuesta así. Ese tipo de frases sólo se dan en las películas románticas, de amor, de ésas en las que uno se pregunta, durante una hora y media, por qué los protagonistas no se enrollan en el minuto uno. A Mario le hubiera gustado estar dentro de una película de ésas.

—Pero te va a gustar —si algo tenía Mario era una gran capacidad para insistir absurdamente.

Tal vez podría haber esperado a que mejorara su pequeño dolor de cabeza, pero se había programado para contar el chiste en ese momento y en ese momento era cuando tenía que contar el chiste.

—De verdad. Es muy bueno. Yo esta noche no he podido dormir de lo que me he reído…

—Me parece muy bien, pero me lo cuentas luego, en el descanso. Ahora no…

—Te va a alegrar el día. Hazme caso —dijo con un forzado tono de suficiencia.

Ella se quedó callada, apoyando en su pecho una carpeta sin demasiados adornos. A Mario le fascinaba verla haciendo eso.

—¿Es muy largo? —empezaba a rendirse.

—No, no mucho —contestó dibujando un gesto ilusionado con las manos.

—No me vas a dejar en paz hasta que me lo cuentes, ¿verdad?

—Exacto.

—Vamos, pesado, cuéntame el chiste.

¡Bien! Lo había conseguido. Sí, de acuerdo, tal vez no estaba yendo todo según lo tenía planeado, pero como mínimo conseguiría explicarle el chiste antes de entrar a clase.

—Muy bien, te lo voy a contar porque tú me has pedido que lo haga —dijo con un tono burlón—. Pero tenemos que apartarnos un poco del pasillo principal, no me gustaría que Black Pons nos escuchara. Además, justo ahora tenemos Lengua y Literatura y seguro que pronto paseará su tétrica silueta por aquí.

Mayor la tomó por la muñeca. Nunca se atrevía a cogerla de la mano. Lo hizo como si tal cosa, aunque por dentro sintió el nerviosismo que siempre sentía cuando la rozaba. Desplazó toda su atención y concentración hacia su mano.

—Aquí es un buen sitio. Aquí podré contarte el chiste.

Sí. Parecía lo bastante apartado, tampoco necesitaba un lugar oscuro; con asegurarse un poco de intimidad era suficiente. Estaban justo delante de la puerta de la sala de mantenimiento y a aquellas horas Freddy, el encargado, estaba ocupado en otras cosas. Sin duda, era el lugar perfecto para que Mayor empezara a contar el chiste.

7. Abajo

Desde el principio se dio cuenta: estaba haciéndolo bien. ¡Mejor que bien! El ensayo inesperado ante sus padres le sirvió para pulir algunos detalles, para hacer un poco más ligera la introducción y también para superar la pequeña, aunque punzante, sensación de vergüenza que le podían producir ciertas escenas del relato. Al final, tendría que agradecer a su madre que le hubiera obligado a contar el chiste.

Ella empezó a escuchar con cierta reticencia, con prisas para que todo aquello terminara. Poco a poco fue transformando su gesto en una mezcla a partes iguales de interés morboso y sonrisa expectante, consciente de que sí, ese chiste le iba a alegrar el día.

Mario se daba cuenta, y le gustaba. Notaba que estaba acaparando toda su atención e interés y se crecía y se crecía aún más al comprobar que sus improvisaciones funcionaban. Incluso se atrevió a gesticular exageradamente y a dramatizar las situaciones, destapando esa vena de actor de teatro que sólo sacaba a relucir en momentos de mucha euforia.

Cuando estaba a punto de encarar la recta final,

cuando a ella ya se le escapaban pequeñas explosiones, aún tímidos proyectos de carcajadas, truenos que anunciaban la tormenta…, cuando el éxito del espectáculo de pasillo de instituto estaba absolutamente asegurado, cuando pronunció la frase que desencadenaba irremisiblemente el triunfo total, es decir, la risa de ella, cuando Mario dijo: «¿Sabes qué dijo entonces el profesor Black Pons, o sea, Lord Mamón?», todo se vino abajo.

Todo.

La puerta de la sala de mantenimiento se abrió rompiendo la magia que Mario se había encargado de construir. Alguien había estado escuchando tras la delgada puerta de la sala de mantenimiento. ¿Freddy? Sí, Freddy estaba escuchando, pero Freddy no era el problema, el problema era otro.

8. *Ni por el timbre*

¡El director de la escuela! El mismísimo Ricardo Santos. ¡Horror!

¿Qué hacía en la sala de mantenimiento a esas horas? ¿Por qué no había esperado a que terminara el chiste? ¿Por qué ahora se quedaba callado, mirándolos tras esas gafas que se resbalaban por el puente de su nariz y le obligaban a adoptar esa postura cabizbaja, tensa y amenazadora? ¿Qué castigo estaba tramando?

Mario, por el momento, ni se hacía esas preguntas. Estaba demasiado callado, demasiado mudo por dentro. Como ella, que también estaba congelada.

—Vamos, señor Mayordomo, no se corte ahora, queremos saber cómo termina el chiste. El señor Fernando y yo estamos ansiosos por conocer el desenlace. ¿Qué es lo que dijo entonces el profesor Black Pons, o sea, Lord Mamón? —dijo imitando el tono teatral de Mario.

Mario buscó en la mirada de Freddy una salida, una posible disculpa de aquel hombre tranquilo y comprensivo. No la halló. Freddy se limitó a hacer un gesto con la cabeza que venía a decir con pena algo así como «Te han pillado amigo, ahora tendrás que apechugar con lo que haya».

—Bueno, es que…

Era imposible. Del todo. Ni el más ocurrente y ágil de todos los seres del planeta hubiera podido encontrar una respuesta capaz de reconducir aquella situación. Así que después de balbucear un poco más, Mario se dio por vencido. Calló. Bajó la mirada y esperó a que pasara el diluvio.

—¿Usted tampoco, señorita De Andrés?

—No, señor. Yo no sé la respuesta a esa pregunta —dijo ella tratando de mantenerse digna.

—¿No sabe la respuesta a esa pregunta? Muy bien… Lo que yo no sé es cómo una chica lista como usted está aquí, en este pasillo, escuchando semejante barbaridad. Me esperaba algo más de su comportamiento, señorita De Andrés. La verdad es que me esperaba mucho más.

Implacable. Como siempre. El señor Santos no tenía ni la más mínima intención de exculparla. Para él, los dos eran culpables, tanto el que contaba como el que dejaba contar. Los dos eran responsables y, por tanto, merecedores de un castigo.

—Está bien… Esto que ustedes dos han hecho aquí, en este pasillo, es sin duda una ofensa…, sin duda…

El director interrumpió la frase de golpe, encajándose las gafas sobre el puente de la nariz en lo que era más un gesto calculado que una necesidad real. Después colocó bien los papeles que llevaba encima de una carpeta que apoyaba sobre el pecho, con un gesto muy similar al que Ella hacía y que tanto gustaba a Mario. Siendo el mismo gesto, a Mario no le parecía igual. Además, ahora no estaba pensando en eso.

Sonó el timbre.

El director seguía callado, con la vista fija en algún punto del suelo. Pensando y pensando. Y pensando también estaba Mario. ¿Salvados? ¿Conseguiría Su Excelencia Ricardo Santos, como a veces se referían a él los alumnos, olvidarse de todo aquello? ¿Sería capaz de decir: «Que no vuelva a ocurrir y si me entero de que habéis contado este chiste os voy a castigar»? ¿Habrían sido salvados por el timbre, por el inicio de las clases?

No, ni por el timbre. De ésa no les salvaba nadie.

—¿Seguro que no quieres explicarnos al señor Fernández y a mí qué es lo que ocurrió, cómo termina el chiste?

Volvía a la carga. Mala señal. ¿Tanto tiempo para volver a preguntar lo mismo? A Mario se le revolvieron las tripas, tal vez porque ellas se dieron cuenta de que esa pregunta significaba que el director ya tenía un plan, que ésa era una pregunta trampa para que Mario dijera con inseguridad:

—No…, no me acuerdo.

—No se acuerda —repitió como quien repite una frase inteligente, digna de reflexión—. Muy bien, señor Mayordomo. Hay que ver las malas pasadas que nos juega la memoria. No se acuerda, justo ahora no se acuerda. Qué decepción, la verdad —insistía en alargar la agonía de sus presas—. Muy bien, no se acuerda y, sin embargo, le voy a dar un consejo, uno importante:

será mejor que se acuerde. No ahora. No hay prisa. Todavía no. Es mejor no presionar a la memoria. Le voy a conceder algunas horas. En el descanso del mediodía quiero que ustedes dos, insisto, los dos, vengan a mi despacho. Más vale que para entonces se acuerden. No obstante, también es verdad que puede ser, muy bien puede ser, que su memoria les siga traicionando. En ese caso, les aconsejo que se inventen un final que esté a la altura del ingenioso planteamiento del chiste. Vamos. Creo que están llegando tarde a clase con… el profesor Pons, ¿verdad? ¿Veis? No sólo los chistes son graciosos. El destino también lo es.

9. Érase un hombre...

Estaba enfadada. Muy enfadada. No le salían ni las palabras, no le salían ni los insultos de lo enfadada que estaba. En cambio, bufidos, sí. Chasquidos con la lengua, también. Movimientos casi espasmódicos con la cabeza, por supuesto. Aunque lo más significativo era la rabia con la que se mordía el labio, como queriendo hacerse daño para calmar la ira que sentía o como imaginándose que estaba destripando a su compañero de castigo. Pero insultos no. Ni uno. Mala señal. Un «eres idiota», o «gilipollas», o incluso algo más fuerte como «tonto del culo» hubiera tranquilizado a Mario, le hubiera dado pie a defenderse, a pedir disculpas o a decir algo, simplemente. No lo hizo. No sabía qué decir. Ella tampoco, aunque al final dijo:

—No sé qué castigo nos van a poner, pero será mejor que no me expulsen y que tampoco se enteren mis padres. Te juro que si se enteran... Es que hay que ser... ¿Cómo se te ocurre contarme el chiste justo delante de una puerta? ¿Es que no ves la tele o qué? Jo, tío, es que es para...

Y Mario siguió aguantando, andando a su lado, esforzándose para seguir su ritmo acelerado.

Unos momentos de silencio.

Casi estaban llegando a clase, a clase del profesor Black Pons, justamente él. ¿Se habría enterado? ¿El director le habría puesto al corriente de lo que había sucedido? No, esperaba que no. Era imposible. Habían dejado al director hacía unos segundos y como no le hubiera llamado por teléfono era físicamente imposible que… Pero bueno, Mario estaba aprendiendo a no dar nada por sentado.

Justo antes de entrar en clase, Mario, empujado por el silencio en el que ella se había sumido, se atrevió a buscar una manera de suavizar la situación. Fue ésta:

—¿Tienes curiosidad por saber cómo termina el chiste?

—Tú eres gilipollas —dijo ella, ahora sí, insultando con una sinceridad aplastante, pero con un tono demasiado elevado, sobre todo porque la clase estaba en silencio y ellos llegaban tarde.

El profesor Pons dijo:

—Señorita Sofía de Andrés, no hace falta que entre en clase. Señor Mayordomo Descalzo, usted puede sentarse en su sitio, si es que aún le interesa la clase de hoy, claro.

Sin duda, esto no iba a ayudar demasiado a que a ella se le pasara el enfado. Mario se quedó parado, pensando en si debía entrar en clase o permanecer a su lado. Al fin y al cabo era la segunda vez en menos de media hora que Sofía tenía problemas gracias a él.

¿Qué hacer?

—Mario Mayordomo Descalzo, ¿hace el favor de entrar en clase o prefiere quedarse fuera? Vamos, decídase. Pero si me permite el consejo, creo que le va a gustar la clase de hoy. Vamos, haga un esfuerzo y siéntese con nosotros.

Fue demasiado para él. No podía aguantar esa presión. Entró en clase, dejándola sola, fuera, y diciendo con la mirada «Esto no te lo voy a perdonar en la vida, gilipollas».

Mario pensó que la clase pasaría lenta, que al reloj le costaría avanzar. No fue así.

Primero, el profesor Pons marcó de cerca a Mario. Muy de cerca. Y se dirigió a él repetidamente usando sus dos apellidos. Mayordomo Descalzo aquí. Mayordomo Descalzo allá. Mayordomo Descalzo esto y Mayordomo Descalzo lo otro. A Mario le daba igual. A toda la clase ya le daba igual. Se llamaba así y punto. Había convivido con esos apellidos durante más de trece años de escolarización y ya le habían gastado todas las bromas posibles. Sus compañeros habían agotado todas las combinaciones. Las mejores y las peores. Las más ingeniosas y las menos. Las más finas y las más groseras. Se habían aburrido de meterse con su apellido y todos le llamaban Mayor. Y si bien en alguna ocasión, muy puntual, alguien volvía a retomar algún clásico, como Sirviente, Esclavo, Pies Sucios, o Mario que no sirves..., él ya había desarrollado una buena capacidad de respuesta, un humor arrojadizo que no dudaba nunca en utilizar si la situación lo requería. Así que no le importaba, no le impresionaba el tono burlón con el que el profesor se dirigía a él.

Lo que sí impresionó a Mario fue que Pons diera un giro a la clase y empezara a decir:

—La risa, la broma, la humillación, la burla. El ingenio del hombre dedicado a destrozar al hombre, a dejarle desnudo en mitad de las carcajadas... Qué soledad se siente entonces. Seguro que vosotros habéis sido víctimas y verdugos. Seguro que en alguna ocasión habéis participado en el linchamiento, ¿me equivoco? No, por supuesto que no. ¿Tengo la nariz grande? Miradme bien. ¿La tengo? Que levante la mano quien no haya hecho algún comentario más o menos gracioso acerca de mi nariz. ¿No? ¿Nadie?

Las manos permanecieron bajadas, firmes, pegadas a los pupitres. Nadie se atrevía a decir la verdad. Mario empezaba a pensar que tal vez hubiera sido mejor quedarse fuera de clase.

El profesor Pons siguió:

—Ya veo, ya veo... Tenéis las manos muy pesadas esta mañana. Está bien. Pero yo no he sido el único que ha sufrido ataques por culpa de tener una nariz así, y vosotros seguro que no habéis tenido la capacidad para atacarme de la siguiente manera, con esta arma con la que sí, por ejemplo, atacó un tal Quevedo:

Érase un hombre a una nariz pegado,
érase una nariz superlativa,
érase una nariz sayón y escriba,
érase un pez espada muy barbado.

Era un reloj de sol mal encarado,
érase una alquitara pensativa,
érase un elefante boca arriba,
era Ovidio Nasón más narizado.

Érase un espolón de una galera,
érase una pirámide de Egipto,
las doce Tribus de narices era.

Érase un naricísimo infinito,
muchísimo nariz, nariz tan fiera
que en la cara de Anás fuera delito.

Cuando el profesor Pons terminó de recitar el poema, toda la clase permaneció tan inmóvil como si formase parte de las paredes.

Nadie era capaz de entender a qué venía todo eso, pero todos dedujeron que era mejor no reír, porque si bien en el poema había muchas palabras que no comprendían, todos entendían que era muy gracioso, sobre todo si el poeta en cuestión no te lo dedicaba a ti, claro.

Luego, Pons siguió hablando de los ataques que habían sufrido emperadores, reyes, príncipes, papas, políticos..., cómo con una pluma y un tintero, con un bolígrafo o un teclado, los poderosos habían sido desafiados, machacados y en ocasiones humillados de tal manera que habían empezado a tambalearse de sus pedestales hasta chocar con sus narices, nunca mejor dicho, en el suelo.

Cuando sonó el timbre nadie movió un dedo y no

eran pocos los que querían que la clase durara otra hora más. Pons se despidió diciendo:

—Si no tenéis un ejército, da igual, podéis apuntar con vuestro ingenio y disparar carcajadas. Os aseguro que pueden fulminar a cualquiera.

10. Un invitado de excepción

Mario salió de clase queriendo pensar que todo había sido casualidad, que no era posible que el director hubiera avisado a Pons. No. Ésa había sido sólo una clase más. Rara, extraña. Como el propio profesor. Raro, extraño. Nada más. No había motivos por los que preocuparse más allá de tener que ir al despacho del señor Ricardo Santos. Ése ya era un motivo suficiente. Por eso prefirió no comentarle nada a Sofía, no compartir sus sospechas ni sus temores. Era mejor no hacerlo y hablar de otras cosas que hicieran que ella le volviese a dirigir la palabra:

—Bueno, espero que el director no se pase mucho con nosotros. Yo le explicaré que tú no has tenido nada que ver. De verdad. Diré que todo es culpa mía. Además, supongo que se solucionará haciendo algún tipo de trabajo o esas cosas... No sé, no hace falta que te ralles por eso. Yo me ocupo —y Mario le guiñó un ojo, intentando hacerle creer que lo tenía todo bajo control.

—Date prisa, no me gustaría llegar tarde —fue la única respuesta de Sofía.

Mala señal. Muy mala señal. Le estaba hablando como si estuvieran caminando hacia alguna fiesta a la que se debiera llegar puntual.

—Como mínimo, de lo que podemos estar seguros es de que el profesor Pons no se ha enterado de nada. Fijo que Su Excelencia no se ha chivado —mintió Mario.

Silencio.

—Y de verdad, no te preocupes por haber perdido la clase de hoy. No ha explicado mucho. Si quieres yo me encargo de conseguirte unos buenos apuntes. Pero solamente ha recitado un poema… y cosas así.

—Muy bien. No hace falta, gracias. Ya me las arreglaré.

¿No hace falta? ¿Ya me las arreglaré? Era mejor dejar de intentarlo y seguir caminando. Mario estaba convencido de que al director, después de un par de horas, ya se le habría pasado el enfado, que sería más comprensivo con ellos. Albergaba la esperanza de que entendiera que ella no había hecho nada. Estaba dispuesto a cargar con todas las culpas.

Habían llegado.

Justo frente a la puerta.

Tímidos golpes.

Un. Dos. Tres.

—Adelante.

Voz suave. Menos crispada. Todo iba a salir bien.

Abrieron la puerta. Despacio. Sin querer abrirla, pero sabiendo que no había más remedio. Él se asomó primero.

Un poco más y se desmaya.

El señor Santos no estaba solo, tenía un invitado de excepción.

Allí, de pie, con todo su traje negro que de tan ancho a veces parecía más una túnica que un traje. Allí, de pie, con su pelo negro y grueso que le caía torpemente hasta casi rozarle los hombros. Allí, de pie, con su nariz desenfocada que hacía que sus ojos pequeños parecieran aún más pequeños, casi de ratón comiendo queso. Allí, de pie, distraído mirando una de las estanterías del despacho del director, como si no fuera con él la cosa, con las manos detrás de la espada. Allí, de pie, estaba él: Black Pons, Lord Mamón. El gran protagonista del chiste. El más tétrico de los profesores a veces, el más desconcertante siempre. El nuevo, del que se contaban tantas cosas, incluido un rumor que aseguraba que antes de llegar al instituto había dado clases en el infierno. Allí estaba. Con esa mirada vidriosa, como si siempre tuviera unas décimas de fiebre. Con esa manera de hablar que hacía que las eses sonaran a serpiente y que sus labios brillaran por las gotitas de saliva que de vez en cuando dejaba escapar.

No era una pesadilla ni una broma pesada. No. Black Pons estaba en el despacho y Mario empezó a entender lo que iba a ocurrir, incluso antes de que el director comenzara a hablar.

11. Una fábrica de cobardes

—Señorita De Andrés, señor Mayordomo, hagan el favor de sentarse. Usted, profesor, puede…

—Prefiero estar de pie, gracias.

—Como quiera —respondió precipitadamente el director, sorprendido por el agresivo tono de Pons—. Muy bien. Todos sabemos la razón por la que estamos aquí. No es una razón agradable. No me gusta, no, señor —dijo negando con la cabeza, exagerando la teatralidad de sus palabras—. Y la verdad, he pensado mucho. Le he dado muchas vueltas. Quería asegurarme de ser justo. De no dejarme llevar por la indignación. Sin embargo…

—Señor Santos, perdone, por favor. Perdone un momento, pero tengo que decir algo importante. Ella no ha hecho nada. Toda la culpa es mía y ella no debería estar aquí.

¡Sí! Lo había hecho. Se había atrevido. Así, sin más, como quien salta en paracaídas. De repente. Sin pensar. Pum. Ya estaba hecho, estaba en el aire. Ahora el director no tendría más remedio que admitir que era cierto, que ella no había hecho nada y que podía irse.

—Señor Mayordomo, le agradecería que no volviera a interrumpirme. Esto, por el momento, no es ningún diálogo. Es un monólogo y no me gusta que me interrumpan cuando estoy hablando. Pero como yo trato de no ser tan maleducado como usted, responderé brevemente a su interpelación. Para mí, tan culpable es el que dice como el que deja decir. Si la señorita De Andrés hubiera tenido la decencia y la integridad que hasta el momento siempre ha demostrado tener, hubiera cortado su narración, su extraordinaria narración del chiste. Hubiera dicho que esas cosas no se cuentan y que están mal. No lo hizo, lo que a mis ojos la convierte en culpable, tanto como usted mismo. ¿Queda claro, señor Mayordomo?

Quedaba clarísimo. Tan claro que Mario bajó la mirada y tuvo la sensación de que se había estrellado contra el suelo desde cinco mil metros de altura. Podía sentir los ojos de ella clavados en su cabeza.

—Muy bien, ahora que ya ha quedado claro, y seguro que el señor Mayordomo no vuelve a interrumpirme, diré que yo no soy nadie para poner ningún castigo. No por una cosa así. No lo voy a hacer. Como director del centro y como educador, lo único que puedo hacer es tratar de que comprendan ustedes la gravedad del asunto. Ya no son niños pequeños como para que les tenga que castigar con un trabajo y esas cosas. No, ése no es mi estilo. Repito: tengo que conseguir que ustedes entiendan la gravedad del asunto. Punto y final. No estoy seguro de que lo consiga, porque probablemente piensen que no hay para tanto, que sólo era un chiste o cualquier excusa de ese tipo. Pero a mí no me preocupa el chiste en sí mismo. Es cierto que es muy desagradable, y eso que aún desconozco el final. Lo que más me preocupa, sobre todo de usted, señor Mayordomo... Míreme a la cara cuando le hablo... Así está mejor. Lo que más me preocupa es la falta total y absoluta de valentía. ¡Qué sencillo es contar chismes a las espaldas! ¡Qué sencillo resulta reírse de los demás cuando no están para intervenir en la conversación! Es tan sencillo como cobarde, y a mí no me gustaría que este centro se convirtiera en una fábrica de cobardes. No, señor, no me gustaría en absoluto. Por eso...

El director se detuvo para volver a encajarse con parsimonia las gafas en el puente de la nariz antes de seguir:

—Por eso he invitado aquí al profesor Pons, para que sea usted mismo, señor Mayordomo, quien le cuente el chiste. Hágalo a la cara. Atrévase. No sea cobarde. Por mi parte, ése es el castigo. Nada más. Ni llamaré a sus padres, ni les obligaré a hacer, insisto, un trabajo de dos mil folios acerca de la historia universal del humor o cualquier cosa que se me pudiese ocurrir. No, no, señor. Podría, pero no. Me conformaré con que le explique usted el chiste al señor Pons. No creo que le cueste demasiado, señor Mayordomo, porque le he visto muy animado a primera hora de la mañana, así que seguro que lo hará bien. Después, si el profesor Pons lo cree necesario, podrá imponerles un castigo. No lo sé, eso ya no depende de mí.

12. Dos semanas

No, no lo hizo bien. Nada bien.

En realidad lo hizo fatal. Le costó arrancar. Muchísimo. Ni se atrevía a mirar al profesor Pons a la cara. Hablaba flojito y en las escenas fuertes, aquellas que tenían que ser más graciosas, aquellas que tenían que ir preparando al oyente para la carcajada final, balbuceaba de tal manera que el profesor, divirtiéndose con lo mal que lo estaba pasando Mario, decía con un tono falsamente familiar:

—Perdona, Mario, es que no te he entendido muy bien... ¿Podrías repetir esa parte?

Además de estas interrupciones, el profesor Pons se mantuvo quieto; más que quieto: inmóvil. De pie, con las manos detrás de la espalda y una cara seria, aunque no severa, que todavía exageraba más la palidez de su rostro.

Mario siguió como pudo, consciente de que lo peor aún estaba por llegar. De hecho, lo peor llegó cuando tuvo que decir:

—¿Y sabe qué dijo entonces el profesor Pons?

—No, perdona, pero me acuerdo muy bien de esa

pregunta —interrumpió el director—. Me acuerdo muy bien y no era exactamente así. ¿Podrías contar el chiste bien, por favor?

Mario respiró hondo y obedeció:

—¿Sabe qué dijo entonces el profesor Black Pons, o sea, Lord Mamón?

Lord Mamón ni pestañeó y Mario terminó el chiste con un sofoco como nunca había tenido en su vida, como si lo hubieran puesto en un horno rodeado de patatas. Él era el pollo. Sólo deseaba que se rompiera el silencio, que alguien dijera algo, lo que fuera.

—No está mal —dijo imperturbable el profesor Pons—. Es de lo mejorcito que he oído últimamente, la verdad. Es ingenioso y tiene la típica maldad que tanto gusta a la gente de hoy en día. Sin duda es un chiste nuevo, acorde con los tiempos que corren. Encaja bien con los gustos y las exigencias del público actual. Muy bien. ¿Lo has pensado tú, eres tú la cabeza pensante de esta pequeña joya del humor universal?

Mario no sabía cómo tomarse esta pregunta, no tenía ni idea de qué plan habría trazado Pons en su cabeza.

—No, no lo he inventado yo. Me lo han contado —dijo arrepintiéndose de haber pronunciado la última frase.

—Te lo han contado. Muy interesante. Tranquilo, no te voy a interrogar ni a pedir que delates a quien seguro te hizo pasar un buen rato contándote el chiste.

Uf, menos mal, por un instante había temido que le inspeccionaran el móvil y que Segur acabara salpicado.

—No, no lo voy a hacer —siguió diciendo Pons—, porque supongo que la intención de este centro tampoco es formar chivatos.

El profesor y el director se miraron de una manera no muy amistosa que descolocó a Mario.

—Tampoco quiero castigaros. No por ahora. Sólo quiero una cosa. Como imagino que tu amigo, el que te contó el chiste, que supongo que será Segurola, porque siempre estáis juntos...

—No, no es… —intentó salir en defensa de su amigo.

—Sí, por favor, no me interrumpas. Me pasa como a tu director. No me gusta que me interrumpan. Calla y escucha. Como decía, tampoco creo que Segurola sea el responsable. Le falta ingenio y le sobra mediocridad…

—Por favor, profesor —protestó el director—, intente no desviarse del tema.

—Sí, disculpe. Pues lo que quiero —siguió con su voz monótona y tan aburrida que bien podría dormir a un volcán— es que entre los dos, entre tú, Mario, y tú, Sofía, descubráis quién ha creado el chiste. Quiero su nombre. Quiero saber de qué cabeza ha salido esta maravilla. Quiero felicitarle, la verdad. Me comprometo aquí mismo, delante del señor director —recalcó el cargo con cierta burla, aunque tan sutil, tan imperceptible, que Mario pensó que sólo él se había dado cuenta—, a no castigar al genio que está detrás del chiste. Eso es todo. Tenéis una…, no, mejor y para que no me acuséis de ser demasiado duro, dos semanas. Dos semanas enteras que empiezan a contar a partir de este momento. Si en dos semanas no habéis encontrado al culpable, llamémoslo así, ya que os estoy encargando un caso como si fuerais dos detectives..., pues eso, si no aparece el culpable, os suspendo la asignatura. Sin más. Yo tampoco os voy a poner un trabajo de dos mil folios acerca del humor universal que os llevaría cuatro minutos bajar de Internet. Prefiero que hagáis esto por mí, que me permitáis felicitar al que ha puesto su ingenio al servicio de mi persona.

Cuando el profesor Pons terminó, todos se quedaron mudos. Mario miró al director con cara de susto, como tratando de protestar, como queriendo decir que eso no era justo.

—Bueno, ya está, ¿no? —dijo Pons haciendo el amago de abandonar el despacho y sin ganas de que nadie replicara su sentencia.

—Sí, sí..., ya está —balbuceó el director Santos saliendo de su asombro—. Podéis iros, chicos. Usted, profesor, si hace el favor de quedarse unos minutos más, me gustaría comentarle algunos aspectos del... curso. Sí, algunos aspectos del curso.

—Como usted desee, señor director Ricardo Santos —contestó con ese tono que, de tan exageradamente educado, era casi un insulto.

13. Tras la puerta

Cuando Mario salió del despacho le temblaban las piernas. No había pasado miedo, tampoco eran los nervios, ni se debía al extraño castigo que les había impuesto Black Pons. No. Simplemente era que no sabía cómo tomarse todo lo que había sucedido allí dentro. Necesitaba compartirlo, intercambiar impresiones, encontrar compañía en aquella confusión. Necesitaba hablar un poco con Ella, pero Ella tenía otros planes:

—Mira, chaval, como me suspendan la asignatura por culpa de esta tontería, te vas a enterar. Más te vale encontrar al genio que ha creado esta mierda de chiste o ya te puedes olvidar de volver a hablarme en tu vida. Más te vale que se te ocurra algo. Tienes dos semanas. Conmigo no cuentes. Tú me metiste en esto y tú me vas a sacar. ¿Verdad que antes lo prometiste? Pues ahora lo haces. Y te lo digo muy en serio, Mario, hasta que no encuentres la solución… ni me hables, ni me mires, ni respires el mismo aire que respiro yo.

No dijo nada más. Se marchó por el largo pasillo repleto de alumnos que iban de aquí para allá, aprovechando los descansos entre las clases.

Mario se quedó plantado, mudo, embobado viendo cómo ella, su Ella, andaba con fuerza, pisando violentamente el suelo, taconeando enfadada, haciendo que su vestido rojo y negro se bamboleara en sus caderas, moviéndose como si también el vestido estuviera enfadado. Cuando desapareció, cuando el pasillo se la tragó, Mario se liberó del encantamiento de sus movimientos y se dio cuenta de que estaba metido en algo más que un lío. Estaba metido en un problema grave que podía hacer que Ella no le volviera a dirigir la palabra nunca más.

Mario respiró hondo y se dispuso a ir en busca de Segur; él le escucharía. Además, tenía ganas de saber si realmente era el creador del chiste. Claro, por un lado no quería que lo fuese, porque entonces tendría que delatarlo ante Lord Mamón, pero por otro lado le gustaría poderle decir a Pons que su amigo sí era capaz de crear un chiste tan bueno, ocurrente e ingenioso como ése. Tenía que preguntárselo. Tenía que ir en seguida a buscarle.

De repente, cuando ya había dado un paso, se detuvo. El director y Pons estaban hablando en el despacho y, al parecer, la conversación no era del todo amistosa. Ahora era él quien espiaba tras una puerta.

14. Desaparecer

—¿No te parece un poco raro el castigo que les has puesto a los chicos? —era la voz de Santos, que intentaba captar la lógica que Mario tampoco había conseguido encontrar en aquel castigo, pero Pons no contestaba, así que el director siguió intentándolo—: De acuerdo que eres nuevo y que tal vez no has acabado de integrarte bien en la escuela, de asimilar el…, cómo lo diría, el espíritu de la escuela. Pero ¿qué vas a sacar con ese castigo?

Detrás de la puerta, a Mario no le costaba demasiado poner imagen a las palabras. Podía imaginarse perfectamente al director limpiando sus gafas, pasándose la mano por la cabeza casi sin pelo y moviéndose nervioso en la silla mientras su rechoncho cuerpo se apoyaba en la mesa unos segundos para dejar de hacerlo poco después, como si estuviera en un columpio.

—Señor director —Pons insistía en mantener un trato formal, esquivando la intimidad que perseguía el director—, perdóneme si le digo que usted no tiene ni idea de lo que está pasando aquí, creo.

—Vaya, profesor Pons, ¿y usted sí? —Santos volvió a la formalidad que Pons no quería abandonar—. Porque si es así, haría bien en contármelo. Al fin y al cabo, soy el director de la escuela. Si hay algo que deba saber..., le estaría muy agradecido de que me informara.

—Mire, dejémoslo aquí. Perdón, culpa mía por hablar demasiado. No tengo ganas de charlar más. Pero esto es mucho más que un chiste...

—¡No exagere, por el amor de Dios! Que los alumnos ya no nos están escuchando. No hace falta que ahora se haga el ofendido conmigo.

Mario se sintió un poco mal al oír al director decir esta frase tan convencido, tan poco consciente de que sí, de que un alumno aún les estaba escuchando.

—No es nada más que un chiste —insistió el director—. De acuerdo, es un chiste algo peculiar. Coincido con usted en que es de un ingenio extraño, impropio de un alumno, pero ya se sabe que algunos alumnos son más especiales que otros y que hoy les damos clases, pero es posible que mañana los admiremos.

—Déjese de admiraciones. Este chiste no lo ha creado ningún alumno. Me juego mi puesto a que ese chiste no ha salido, repito, no ha salido de la cabeza de un alumno de este centro.

—Tengo que advertirle, profesor, que me está usted asustando. Sé que su contratación no fue del todo... regular. Acepté igualmente. Pero lo que está insinuando...

—Yo no estoy insinuando nada. Esperemos dos semanas a ver qué descubren esos dos. Seguro que nos sorprenderán. Pero si mis sospechas son ciertas...

Silencio. El director aguardaba a que Pons acabara la frase, pero no pudo aguantar.

—Si sus sospechas son ciertas, ¿qué?

—Si mis sospechas son ciertas, tendré que desaparecer.

—¡Basta! Está usted tomándome el pelo o algo mucho peor. Le pido por favor que deje de comportarse como si estuviera loco. Porque ahora mismo es lo que parece, profesor Pons. Y le advierto una cosa, no consentiré que suspenda a esos dos desgraciados la asignatura por esta tontería. Queda dicho.

—Muy bien. Ahora, si me perdona, tengo que irme.

El profesor, haciendo gala de su falta total de respeto hacia el director, estaba dando por terminada la extraña conversación que tenía a Mario mucho más embobado que la imagen de Ella desapareciendo por el pasillo.

Los pasos se acercaban a la puerta.

No tenía mucho tiempo.

«Maldita sea —pensó saliendo por segunda vez en muy poco tiempo de un hechizo—, tengo que desaparecer, tengo que desaparecer.» Y desapareció. Le fue de un pelo, un pelo corto, muy corto, pero consiguió desaparecer del campo de visión del profesor Pons y escabullirse para reflexionar acerca de todo lo que estaba pasando. Necesitaba estar unos minutos a solas. Necesitaba procesar la conversación que acababa de oír. Ya iría a hablar con Segur más tarde.

15. Dudas

—¿Estás aquí? Tío, te he estado buscando toda la mañana. ¿Dónde has estado? Te he visto salir con tu enamorada... No me dirás que... No, imposible. ¿Qué has hecho? No me digas que... Vamos, cuéntame. Es imposible. Pero si con ella te quedas como una patata. Vaya... ¿Sí? ¿Sí? No, no me lo puedo creer. Por cierto, qué bueno el chiste, ¿no? ¿Te hizo gracia? A mí un poco más y me revienta. Así, plassss. Por dentro. Mira, aún lloro si lo recuerdo. ¡Qué bueno! ¿No? Vaya. ¿A qué viene esa cara? Ya está: ¡te ha rechazado! Sí, te has lanzado y, catapum, plis, plas, te ha dado en mitad de los morros. Tío, ¿qué te creías? ¿En qué estabas pensando? ¿Pero ahora no está con Manu? ¡Ah, no!, eso se acabó. Eh, tío, dime algo, ¿no?

Segur era su mejor amigo. Sin duda. El mejor. Pero a veces le taparía la boca con una esponja mojada. Era capaz de hablar veinticuatro horas seguidas sin parar. Él se hacía la pregunta, él se la contestaba y él mismo parecía no creerse la respuesta. A pesar de todo, era su mejor amigo, aunque ahora no tenía claro si contarle todo lo que había pasado. Era demasiado complicado, ni siquiera había tenido tiempo para digerirlo, para encontrar una explicación lógica a la conversación entre Pons y el director. Sería mejor, por el momento, ir con cuidado y averiguar lo primero que tenía que averiguar.

—No y sí.

—¿No y sí? ¿Qué es no y sí? Oye, ¿te encuentras bien? No, no te encuentras bien. Tienes mala cara. ¿Llamo al médico, a una ambulancia? Por cierto, te he elegido a ti. ¿Sabes el ejercicio que nos puso el Mamón? ¿Sabes…?

—No le llames así. Es mejor lo de Black Pons. Me gusta más.

—Ah, bueno… Sí, sí que estás raro. Da igual. ¿Sabes el ejercicio, ése en el que teníamos que elegir a alguien de la clase para hacer una descripción? La voy a hacer de ti. Bueno, ya la he hecho. Tío, voy adelantado en los deberes. Eres mi musa.

Segur abrazó a Mario exageradamente y luego le dio una colleja.

—Bueno. No y sí. ¿Qué es no y sí?

—No, no ha pasado nada con ella. Sí, me hizo mucha gracia el chiste. Mucha.

—Ah, bueno, claro. No y sí. Oye, yo es que me moría de risa. Me atraganté y todo.

Mario se quedó mirando a Segur atentamente. Sin duda aquellas palabras querían decir que él no había creado el chiste. De todos modos necesitaba más información. Necesitaba saber por dónde empezar.

—Oye, ¿es tuyo?

—¿El qué?

—El chiste. ¿Es tuyo el chiste?

—¿Qué dices? Tío, estás raro, muy rarito, tío. ¿Cómo va a ser mío el chiste? ¿Crees que yo sé inventar chistes? ¿Cuánto hace que somos amigos? Mucho, tío, mucho tiempo. Mis padres han estado casados menos tiempo. ¿No te sorprende? A mí sí. Hemos durado más que mis padres, tío. Ja, ja, ja. Pero ése no es el tema, no me despistes. Lo que te decía: en todos estos años, ¿me has visto inventar un chiste alguna vez? Bueno, visto, oído o lo que sea. ¿He creado yo algún chiste en todo este tiempo? No. Pues cómo va a ser mío este chiste. ¡Estás mal de la cabeza!

—Ya. Sólo era una pregunta, Segur. Una pregunta.

—Bueno, pues ya está *respuesta.* ¿Respuesta? ¿He dicho *respuesta?* Me estoy volviendo tonto como tú. Eres contagioso, tío. Ya está respondida. Eso, respondida. ¿Te leo mi descripción de ti? ¿Sí? Vamos, quiero leerte mi descripción de ti.

—Vale. Léeme «mi descripción de ti». ¿Quién te contó el chiste?

—No me gusta esa pregunta.

Segur se puso muy serio. Mario no había previsto que su amigo se tomara a mal la pregunta. ¿Por qué?

—Tío —dijo Mario usando una de las palabras favoritas de Segur y que él sólo utilizaba cuando quería remarcar algo importante—, sólo era una pregunta. ¿Vale? Una pregunta.

—¿Te has metido en algún lío, Mario? Alguien me ha dicho que te ha visto en la puerta del despacho del director. Mario, ¿te has metido en líos?

El tono de Segur ya no era alocado ni divertido. Ya no desprendía esa energía que inundaba cualquier cosa que se le pusiera delante, esa verborrea disparatada que salía de una boca grande, con labios demasiado finos como para ocultar del todo sus dientes. Su cara se había endurecido. En un parpadeo, la sonrisa que podría creerse perenne y que inundaba una cara redonda y blanquecina terminada con orejas burlonas y puntiagudas se había esfumado. Segur estaba serio. Se le notaba en la mirada. Lo decían sus cejas, finas, ya no tan rubias, como todo su pelo, que había ido perdiendo a lo largo de los años esa intensidad dorada de la infancia. Lo decía su mirada, de duda, sus ojos de un marrón tan claro y luminoso que bien podría decirse que también eran rubios. Segur sospechaba, y esa sospecha resultaba incomprensible para Mario. ¿Qué le pasaba a su amigo? ¿A qué venía esa actitud? ¿Pensaba realmente que él le iba a traicionar, que estaba buscando al culpable? Sí, bueno, exactamente era así, pero Segur no tenía motivos para dudar de él, y en el hipotético caso de que fuera el creador del chiste, tampoco iba a chivarse, y menos después de haber oído a Su Excelencia decir que no permitiría que Pons les suspendiera la asignatura.

—No me contestas, tío. ¿Te han pillado o algo así? ¿Te has metido en líos? —Segur insistía clavando su mirada, escudriñando las posibles reacciones de Mario.

—No, Segur. No me he metido en ningún lío. Ahora eres tú el que está mal de la cabeza.

16. El chiste no es mío

¡Vaya día! No recordaba otro igual. Ella le había dejado de hablar hasta nuevo aviso, su amigo Segur había dudado de su amistad y se había largado sin despedirse, sin esperarle para hacer juntos el camino de vuelta. Por si fuera poco, un profesor le había amenazado con suspenderle una de sus asignaturas favoritas, Lengua y Literatura, sin más, sin examen, sin pruebas, sin nada. Aunque bueno, de eso, por el momento no iba a preocuparse, porque contaba con lo que había oído decir al director. Y justo, aquélla era la única nota positiva del día. Le tranquilizaba saber que el director estaba de su parte, que encontraba que el castigo era extraño, como extraño era el comportamiento del profesor Pons.

¡Muy extraño!

A Mario se le habían quedado algunas frases dando vueltas por la cabeza: «Si mis sospechas son ciertas... tendré que desaparecer», había dicho Pons. «Sé que su contratación no fue del todo... regular», había dicho el director.

¿Qué significaba todo eso? ¿A quién temía encontrar

Black Pons? ¿Por qué le habían contratado de forma irregular? ¿Parecía asustado? ¿Huía de algo? ¡Sólo había sido un chiste! ¿A qué venía tanto alboroto?

Mario se hacía muchas preguntas que trataba de responder a veces de una forma lógica y racional, y a veces de una forma extremadamente fantasiosa. Ninguno de los caminos le llevaba a una solución clara. Sin embargo, la pregunta que más le preocupaba era: «¿Qué hago ahora?»

Podía olvidarse de todo y, simplemente, como tantas otras veces, no hacer nada. Confiar en que el director se negara en redondo a que les suspendiera la asignatura y en el mejor de los casos... que el asunto cayera en el olvido o dejara de interesarles. Parecía poco probable, pero era una opción. También podía seguir el hilo del chiste y descubrir al responsable de aquella pequeña obra de arte, como la había calificado el propio Pons.

¿Qué hacer? ¿Qué no hacer? ¿Por qué no había hecho caso a su madre? ¿O a su padre? Si hubiera cambiado el nombre del protagonista seguro que no se hubiera montado la que se había montado. Bueno, ya era tarde para lamentarse.

Al final Mario decidió aparcar la decisión.

«Mañana por la mañana tendré las cosas más claras y todo se habrá calmado un poco», pensaba mientras ponía la contraseña en Facebook y comprobaba los estados de sus amigos.

Nada interesante. Se fue a Twenty y luego a Twitter.

«Tengo mucho sueño y me voy a dormir», decía María.

«Mis padres no dejan de molestarme diciéndome que apague el ordenador», se quejaba Esteban.

«Juan no quiere salir conmigo», escribía indignada Raquel.

«Raquel, estoy saliendo con Nube», contestaba excusándose Juan.

Pero de repente, cuando estaba a punto de dar el día por terminado sin tener que esperar a que sus padres se levantaran del sofá, dejaran de masticar imágenes delante del televisor y le mandaran apagar el ordenador, Facebook le anunció que Segur quería *chatear* en privado. Aceptó.

Segur: **Q haces?**
Mayor: **Akí.**

Por el momento Mario podía comprobar que Segur seguía extraño, distante, sin bromas de por medio, sin llamarle Caracono o cualquier nuevo apelativo que se le ocurriera.

Mayor: **No m hs sperado! E tenido q vlvr solo.**

Segur: **Lo siento :-(Mis padres han vnido a buscrme pra ir a ver a la abuela. Me e olvidado d decirtlo.**

Mayor: **Tranki. No problem ^_^ Pensaba que se te habia ido la olla.**

Segur: **Ido la olla, Caracono? Q manera de hablar es esa. Quien te ha dicho eso, tu padre? Jajajajaja.**

Mayor: **Eres gilipollas :-P**

Segur: **Oye... antes... Tal vez si se me ha ido la olla :-) Pueds borrar mis mensas de ayer?**

A Mario se le pararon los dedos. Segur había pasado al ataque sin más. ¿A qué venía esa petición? Esperó.

Segur: **Te has kaido?**
Segur: **Stas ahí?**

Mario seguía pensando. No sabía qué contestar. Ni qué pensar. ¿Sería realmente suyo el chiste? No, era imposible.

Segur: **Eh! Mayordomo, pnte los zapatos y cntesta!**
Mayor: **Staba borrandolos. Payaso!**

Mario había mentido descaradamente. Le daba igual, por el *chat* no se notaba tanto.

Segur: **Mu bien :-)**
Silencio. Mario no sabía qué decir.

Segur: **Oye, q el chiste no es mio, eh!!!!!!!!!**
Mayor: **Me lo imagino.**
Segur: **No te pases!**
Mayor: **Me da igual de kien sea. Antes t lo he prguntado por curiosid. Slo eso.**

Mario había cambiado de táctica. De planes. De

todo. Si bien no hacía ni media hora que había decidido que tomaría una decisión por la mañana, la petición de que borrara los mensajes le había picado tanto la curiosidad que ahora no podía dejar de rascarse.

Segur: **Me lo contó Hassan. Pero kro q no es suyo.**

Mayor: **Hassan? Q bien. Te he dicho q m da igual.**

Segur: **Bueno, Carakulo, era pq me lo as preguntd antes.**

Mayor: **Olvidmslo.**

Segur: **Vaaaaaaaaaaaaaaaaaaaaale :-P**

Mayor: **Tngo sueño.**

Segur: **Q edad tienes? 7 añs?**

La conversación siguió de broma en broma hasta que Segur empezó a contarle un cotilleo acerca de una de las chicas nuevas que habían llegado al instituto. Algo así como que era hija de un vampiro pero que ella no era vampiro porque le gustaba mucho comer dulces y cosas por el estilo y que por eso estaba tan gorda. Tal vez, en otras circunstancias, Mario se hubiera divertido con esta rocambolesca fábula acerca de una compañera nueva, pero esa noche tenía la cabeza metida en otras cosas, en otros chistes.

¿Hassan?

¿Él era el creador? Segur decía que no, pero ¿por qué lo decía? Ni siquiera se lo había preguntado. La gente, normalmente, no va diciendo por ahí este chiste no es mío o no es de ése. En la mayoría de las ocasiones no se cita la fuente. Uno explica el chiste y punto. Y si se cita, se da por descontado que nadie conoce a nadie que haya creado un chiste.

¡Maldita sea! Mario se fue a dormir con la convicción de que ya no podía dejar el caso. Tenía que averiguar quién estaba detrás del chiste.

17. Hay mucho cerdo suelto

Cuando Mario se metió en la cama pensó que le iba a costar dormir, que después de un día con tantas emociones y tantas cosas que habían ocurrido, le iba a costar conciliar el sueño. Hubiera jurado que, como mínimo, iba a pasar una noche intranquila, de esas que le dejan a uno más cansado que antes de descansar. No fue así. Se sentía bien, con fuerza, incluso de buen humor. Hacía un día bonito, de sol, sin nubes. Ni frío ni calor. Era una primavera suave y generosa. En esa época del año Mario se levantaba casi siempre de mucho mejor humor que en invierno, por ejemplo.

Todo perfecto. Todo normal.

Bueno, no todo. Hubo una cosa que Mario pasó por alto, que sin embargo hacía mucho tiempo que no ocurría. Su primer pensamiento del día no estuvo dedicado a Ella. Fue para Hassan. Tenía que ir a hablar con él. Tenía que trazar un plan para procurar no levantar las sospechas que había levantado en Segur.

Hassan no era su amigo, apenas hablaban y cuando lo hacían eran conversaciones superficiales, irrelevantes, sin importancia. Tampoco es que fueran enemigos, simplemente ambos pertenecían a grupos distintos. De lo que podía estar seguro Mario era de que Hassan no iba a ser tan comprensivo como lo había sido Segur. Y si perdía la pista del chiste, volvería a estar sin nada, nada de nada.

De camino al instituto siguió dándole vueltas a su estrategia, a la manera de abordar a Hassan, a cómo llevar la conversación sin levantar demasiadas sospechas. Tan metido estaba en sus pensamientos que llegó a la escuela sin darse cuenta ni de que cruzaba el descampado que siempre le distraía mirar, ni de que pasaba por la calle en la que había esa panadería que le alegraba la nariz con el olor de pan recién hecho, ni de que en la puerta de la escuela estaba Ella, con cara de pocos amigos, tal vez esperando a que él le dijera algo o le informara de cómo iban sus investigaciones. Simplemente no la vio.

—Oye —le gritó sin moverse de su sitio—, que la que sigo enfadada soy yo.

Mario frenó en seco. Su voz le había devuelto al planeta Tierra.

—Hey, hola —contestó aún descolocado, recién aterrizado.

—¿No me saludas?

—Me dijiste que no te hablara hasta que te sacara de este pequeño lío en el que te metí, ¿no? —contestó medio en broma, medio en serio.

—Mira…

Mario dejó de escuchar. Allí estaba Hassan. Estaba solo. Era su oportunidad. Tenía que ir a hablar con él y sacarle la información.

—Perdona, luego hablamos.

Abandonó la conversación sin reparar en la cara de incredulidad que ponía ella. No tenía tiempo. Quería preguntarle a Hassan quién le había contado el chiste. El juego le empezaba a divertir.

Pero cuando Hassan le vio venir, dio media vuelta, huyendo de él.

—¡Eh, Hassan, espera!, quiero hablar contigo.

—Pírate.

Hassan empezó a correr como si lo persiguieran los fantasmas.

Fue un acto reflejo. Sin pensar, sin meditar. Salió tras Hassan como si estuvieran jugando a policías y ladrones. O como si no estuvieran jugando, como si realmente Hassan fuera culpable de algo y Mario fuera el brazo de la ley encargado de impartir justicia cósmica.

«Esto es muy *friki*», pensó Mario ya en carrera, con sus piernas moviéndose del mismo modo que se movían cuando se le escapaba el autobús que le llevaba al centro.

¿Qué estaba haciendo? ¿Perseguir a uno de los mejores corredores del colegio? ¿Qué le iba a decir en el hipotético caso de alcanzarlo? Y más importante que todo eso, ¿por qué huía Hassan? ¿Qué motivos tenía? O mejor aún…, ¿tenía motivos?

Después de un buen rato en el que deshizo la mitad del camino que había hecho para ir al colegio, empezó a aflojar el ritmo. No le iba a alcanzar nunca. Estaba a punto de rendirse. Hassan era alto, fuerte, resistente, y con unas piernas largas y estilizadas que daban una zancada por cada dos que lograba avanzar Mario.

Frenó. Se rindió. Respiró tragando el aire. No era suficiente aire. Se inclinó poniendo las manos sobre las rodillas y gritó con esfuerzo lo primero que se le pasó por la cabeza.

—Sólo quería decirte una cosa, pero da igual, ya te la diré cuando no tengas tanta prisa.

Hassan giró la cabeza. Perdió la concentración, tropezó y rodó por el suelo. Se había torcido un tobillo y se retorcía en el suelo. Mario no pudo dejar de pensar que la suerte le sonreía aquella mañana. Gracias a una de las piedras que poblaban aquel descampado podría hacer su interrogatorio. Luego se sintió un poco mal por sus pensamientos y se apresuró para preocuparse por el estado de su compañero:

—¿Estás bien?

Hassan soltó algunos tacos antes de decir:

—Me he torcido el tobillo, pero creo que no me he roto nada. ¡Qué daño!

Mario vio que el tejano sí que se lo había roto. Llevaba la rodilla al aire, se había hecho un poco de sangre, pero parecía sólo un rasguño.

—Tendrás que ir a la enfermería. Si quieres te acompaño.

—Gracias, sé ir solo. Y por cierto, yo no le he hecho nada a Segur.

¿Nada a Segur? Mario no entendía qué quería decir Hassan. ¿Hacerle nada de qué? Justo eso es lo que preguntó:

—¿Hacerle nada de qué?

—Me estabas persiguiendo por lo de la paliza, ¿no? Yo me he enterado de camino a la escuela. Cuando te he visto he pensado que querrías... Pero yo no he hecho nada. ¡Te lo juro, tío! Nada de nada. Hay mucho cerdo suelto.

Al ver que Mario no estaba entendiendo nada y que era evidente que no sabía de qué le estaba hablando, dejó de justificarse.

—Vale, Mayor. ¿No venías por eso? ¿No querías pegarme porque pensabas que yo había pegado a Segur?

—¿Quién ha pegado a Segur? ¿Qué dices? Mira, tío, esto no tiene gracia. Así que una de dos, o te estás quedando conmigo o el golpe te lo has dado en la cabeza. Va, dime... ¿Es verdad?

Antes de contestar, Hassan se levantó, más tranquilo al comprobar que su tobillo se encontraba en perfectas condiciones. Se miró el pantalón, se tocó el rasguño y puso una mueca de dolor, pero no de gran dolor, sólo de escozor incómodo.

Mario esperó impaciente a que Hassan acabara de comprobar que lo tenía todo en su sitio. No dijo nada porque no sabía qué decir. Aún no se creía la noticia. Esperaba que todo fuese una broma, un comentario al azar. Tal vez era una maniobra para despistarlo, aunque no encontraba el motivo por el que Hassan quisiera despistarlo.

—Mayor, no te enteras de nada, macho. Esta mañana han pegado a Segur. ¿Es tu amigo o no? Joder, deberías enterarte de esas cosas, sobre todo si esas cosas les pasan a tus amigos.

—Eh, eh, eh… —protestó—. Para un poco. No eres mi madre. No me regañes y habla.

A Mario le sorprendió el tono en el que le salió la frase. Parecía un detective privado de verdad, aunque aún le sorprendió más que Hassan obedeciera y le contara todo lo que sabía.

—Le han pegado. No sé cuánto. Ni sé cómo está. Sólo me han dicho que han sido unos del instituto Darwin. Punto. Ya sabes…, a veces pasan estas cosas. Pero yo he pensado que tú creías que había sido yo. Por eso corría. Y te juro que yo no he sido.

—¿Y está bien? —preguntó Mario, aún consternado por la noticia y sintiendo que Hassan tenía razón, que un amigo de verdad es el primero en enterarse de esas cosas.

—No sé si está bien. Ya te lo he dicho. A mí me han contado que le han roto una ceja y que le han dejado el ojo así —Hassan acompañó ese «así» con un gesto con la mano—. Vaya, que se lo han llevado al hospital. No creo que venga esta semana. Bueno, no sé… Pero yo no he sido.

Mario empezaba a hartarse de escuchar una y otra vez que él no había sido. No le había acusado en ningún momento.

—¿Por qué tendrías que ser tú, Hassan? Yo no he…

—Porque te contó que yo le había explicado el chiste. Es un bocazas.

—¿Qué? ¿Sabes lo del chiste?

—Tío, le dije que no dijera nada. Se lo hice jurar y el tío lo juró. Le dije que contara el chiste a quien quisiera. Era inevitable que lo contara. Ya sabes que le encantan los chistes, pero le volví a hacer jurar una vez más que no diría que se lo había contado yo. Y el tío lo volvió a jurar. Y va y ayer por la noche *chateamos* un momento y me dice que se le ha escapado que yo le había contado el chiste y que te lo había dicho a ti.

—¿Se le escapó? ¿Por qué te lo dijo? Yo *chateé* con él ayer antes de que se desconectara.

—Pues luego se volvió a conectar. Era bastante tarde. Me dijo que no le iba muy bien el ordenador, pero que quería decirme eso…

Mario se quedó callado. No encajaba. Nada encajaba. En realidad todo encajaba cada vez menos. Recordaba perfectamente que cuando se desconectaron del *chat,* Segur le había dicho que sus padres ya le estaban presionando para que dejara el ordenador y también que empezaba a tener sueño. Pero parecía que Hassan decía la verdad. No insistió más.

Los dos volvieron hacia la escuela. Despacio. Hassan cojeaba un poco. Mario le preguntó tres veces si le dolía el tobillo y contestó que no, que era por un golpe que se había dado jugando al baloncesto la semana anterior. No se lo creyó. Hacía un rato había estado corriendo tan rápido que podría haber ido a las olimpiadas. Tal vez ocultaba algo o tal vez se estaba haciendo el duro. Le daba igual. Ahora sí, sólo quería seguir el hilo del chiste. Sólo quería saber quién le había contado el chiste a Hassan.

—¿Y a ti quién te lo contó?

Hassan se detuvo en seco y le clavó los ojos oscuros y grandes en sus ojos más pequeños y menos oscuros.

—¿Por qué lo preguntas?

Si quería una respuesta, antes tendría que inventar una lo suficientemente creíble e impactante como para que Hassan se viera obligado a contestar.

—Si te lo pregunto es... porque me han encargado que encuentre al culpable. Sí, tío. Me han encargado que encuentre al creador del chiste. Y no me lo ha encargado una persona cualquiera..., no, tío, me lo ha encargado el propio director, el nuestro, Ricardo Santos —y se detuvo y asintió lentamente con la cabeza para poner un toque de grandilocuencia a sus palabras—. Sí, señor, me lo ha encargado el director, así que si no me quieres ayudar le diré que, hasta donde yo sé, fuiste tú la mente que lo creó.

Ya estaba lanzado. Había usado la verdad como un arma arrojadiza. Podía funcionar o no, pero no se le ocurrió nada mejor.

—Eh, que yo no he creado nada. No te pases. ¿Y por qué te ha en-car-ga-do —dijo remarcando las sílabas— eso Su Excelencia?

—Si no has sido tú, ¿quién te lo contó? —insistió Mario, sin hacer caso de la pregunta, consciente de que su plan estaba funcionando.

Se notaba que Hassan no quería contestar, se estaba resistiendo, escudándose en un silencio que parecía impermeable a las insistencias. Pero Mario era impermeable a los escudos, así que siguió intentándolo, esta vez poniendo un poco más de dramatismo en sus palabras y buscando la complicidad del interrogado para que confiara en él.

—Mira, yo estoy metido en esto porque me pillaron. Es así de triste. Soy así de tonto. Pero no soy ningún chivato. No voy a delatar a ningún compañero. No soy de ésos, tío, me conoces. Seguramente al final diré que alguien lo pilló de Internet y que corrió por el Facebook y que hasta hay un grupo de amigos de ese chiste. Ya está. Caso cerrado. Pero si no hago como que me interesa el tema, como que me aplico en buscar…, digamos, la verdad, el director me va a expulsar a mí. No me apetece mucho que mis padres se enteren de todo esto. Es penoso. Es sólo un chiste, lo sé, pero al director le ha pillado con esto. ¿Qué quieres que te diga?

Más silencio por parte de Hassan. Más insistencia por parte de Mario.

—Mira, podemos hacer un trato. Yo he sido sincero contigo. Te he explicado lo del director y él me dijo que tenía que quedar en secreto, me lo hizo jurar —empezó a fantasear Mario, dejándose arrastrar por su propia historia—. Si tú me dices quién te lo contó, yo guardaré el secreto y lo haré porque tú guardarás el mío. Estaremos en paz.

—Bueno…, en fin…

Mario abrió los ojos, estirando las palabras de Hassan que ya estaban a punto, a punto de salir.

—Ya sabía que este chiste iba a traer problemas. Era lógico. Tenía que pasar. Lo sabía. Se lo dije a Ester…

—¿A Ester? ¿Ester Ferrer?

—Yo no he dicho nada —dijo Hassan guiñándole un ojo y apretando el paso para dejarle atrás como si nunca hubiera estado cojeando.

De todos los nombres que Hassan le podía haber dado, sin duda, Ester Ferrer era el peor.

18. Número desconocido

Aquella noche apenas cenó. No quiso ver la tele, ni conectarse a Internet, ni *twittear,* ni jugar a la consola, ni abrir un libro, ni nada. No tenía energía, se le había agotado de golpe la batería y simplemente se quedó tumbado en la cama, mirando al techo como si pudiera traspasarlo con la vista, como si alguien le hubiera implantado una nueva visión de rayos X y pudiera ver a los vecinos del quinto. Pero no. No le interesaban los vecinos del quinto. Sólo le importaba Segur. Sufría por él, sufría con él. No se lo podía sacar de la cabeza. Al terminar las clases había ido a hacerle una visita y se había quedado hecho polvo. No recordaba haberse quedado tan hecho polvo en su vida. Hassan se había quedado muy corto.

A Segur no sólo le habían partido la ceja e hinchado un ojo; también le habían roto un diente y le habían hecho una pequeña fractura en una costilla y le habían abierto el labio, que se le había puesto enorme y amoratado como una fruta madura ya a punto de pudrirse. ¿Por qué los del instituto Darwin habían hecho algo así? Sí, era verdad que de vez en cuando había ciertos piques, ciertas tensiones entre algunos alumnos, pero nunca nadie se había pasado tanto con alguien. Ni por asomo. Además, Segur no era de los que se enfrentaba a nadie, ni de los que se metía en problemas, ni de los que iba a merodear cerca del Darwin en busca de posibles amores o aventuras interescolares. Había quien sí, pero Segur nunca. Si hubiera estado con alguna chica del Darwin se lo habría dicho, y ni siquiera lo había insinuado.

¿Qué hacía por esa escuela?

Segur tendría que haberse desviado para pasar por delante y tampoco nunca antes había dicho nada de que se encontrara con gente del Darwin de camino a la escuela.

No podía dejar de pensar. Y ahora, tumbado en la cama, no dejaba de recordar el momento en que la madre de Segur le abrió la puerta. Estaba llorando. La mujer estaba preocupada. No sólo por lo que le había pasado, también sufría por lo que podía representar lo que le había pasado. Su padre estaba de viaje, así que estaría sufriendo desde lejos.

Mario no pudo hablar con Segur. Se había dormido y su madre no quería despertarlo; le habían dado algunos calmantes para que pudiera descansar por la noche. Sólo pudo asomarse tímidamente y comprobar por él mismo que sí, que le habían dado una buena paliza.

La madre no entendía nada, Mario tampoco y la visita se le hizo muy, muy larga. No sabía qué contestar a las preguntas de la madre. No sabía qué hacer para que se quedara más tranquila y no alimentara su imaginación con paranoias de todo tipo.

—Dime la verdad, Mario, tú eres su mejor amigo y él confía mucho en ti. ¿Sabes si está metido en algo? ¿Toma drogas? ¿Va con malas compañías?

No. No. No. Una y otra vez repetía que no. Mario negaba una y otra vez y la madre de Segur insistía una y otra vez sin acabar de quedarse tranquila. Le resultaba extraño que unos niños de un instituto le pudieran hacer eso a su hijo a las nueve de la mañana. A Mario también le extrañaba y sólo quería que su amigo se recuperara y que le contara qué diablos había ocurrido.

—La policía nos ha dicho que a veces pasan estas cosas porque sí —insistía la madre—, pero... no sé... Si tú supieras algo me lo dirías, ¿verdad? ¡Por favor, Mario! Esto puede ser muy serio y callarse no es la manera de ayudar a tu amigo. Créeme. Me lo dirías, ¿verdad?

Así estuvo Mario durante más de una hora hasta que consiguió escapar del interrogatorio y pudo llegar a casa. Allí sus padres le sometieron a otro interrogatorio, aunque con ellos no tenía tantos problemas. Con un par de «Os he dicho que no pasa nada, dejadme en paz, no tengo ganas de hablar» fue suficiente para que le permitieran retirarse a su habitación, donde se quedó mirando al techo hasta muy tarde, hasta que su madre entró y le dijo que se fuera a dormir y él asintió con la cabeza. Entonces sonó su móvil, que por suerte estaba en vibración y no alertó a sus padres.

Se levantó de la cama, un poco sobresaltado. Tal vez fuera Sofía, que quería saber cómo se encontraba Segur. Tal vez, incluso, fuera Segur, que se había despertado y quería agradecerle la visita.

Número desconocido.

¿Se estaban equivocando? No quiso contestar. No le gustaban los números desconocidos. Sí, se estaban equivocando.

Otra vez. Insistían.

Número desconocido.

Mario insistió en no cogerlo. Se le aceleró el corazón. No sabía por qué. Él no había hecho nada a nadie, no tenía motivos para temer nada, pero empezó a pensar que ese número desconocido a lo mejor sí que le conocía a él.

El móvil sonó avisándole de que había recibido un mensaje. Lo miró:

Coge el teléfono

Nada más. Seguía siendo un número desconocido.

El teléfono empezó a vibrar por tercera vez.

Ahora sí. Contestó y sólo pudo oír una risa como nunca antes la había oído, ni tan siquiera en las películas de terror. Aquella risa era frenética, tétrica, eufórica y triunfal, tanto que de vez en cuando caía en una pausa ahogada que anunciaba un nuevo gemido atronador. Mario sentía miedo, hielo en las gotas de sudor que florecían en su piel, pero a la vez quería seguir escuchando, hipnotizado, arrastrado por un retumbo explosivo y delirante. Aquellas carcajadas, casi gruñidos de perro, rebotaban en su cabeza y le hacían temblar por dentro.

La risa se cortó de golpe y con ella la llamada, dejando a Mario unos segundos oyendo sin oír el pitido discontinuo que indicaba que ya no había comunicación, que podía colgar también. Cuando lo hizo, se dio cuenta de que no había tratado de decir nada, no se había atrevido a interrumpir la risa, a preguntar quién era o a tratar de responder con algún comentario gracioso o hiriente. No se había atrevido a nada.

Desconectó el teléfono.

19. Filosófos, antiguos sabios y heroínas medievales

Sus sueños fueron tan delirantes como la llamada de la noche anterior. No recordaba exactamente qué había soñado, pero tenía una sensación desagradable, un no sé qué recorriéndole la cabeza.

Tuvo que pensar dos veces para comprobar mentalmente lo sucedido y convencerse de que la llamada había sido real. Aun así, sabiendo la respuesta, encendió el teléfono para comprobarlo. Era plenamente consciente de que no habían sido imaginaciones suyas, pero por si acaso…

Su memoria no mentía, pero se quedaba corta. En el teléfono móvil no sólo había marcada una llamada de un número desconocido, también había treinta y cuatro llamadas perdidas más recibidas desde las doce hasta pasada la una de la madrugada.

¡Treinta y cuatro llamadas en poco más de una hora!

Treinta y cuatro llamadas y ni un solo mensaje de texto, sólo las perdidas.

¿Alguien le estaba gastando una broma?

¿Qué tipo de broma era ésa?

Fuera lo que fuera, no tenía ninguna gracia.

¿Alguien trataba de decirle algo? ¿De amenazarle? Si era así, ese alguien podría ser un poco más preciso. Porque o él no era demasiado inteligente o con las carcajadas no tenía suficiente. ¿O sí? Porque Mario tenía una corazonada: de alguna manera sentía que todo estaba relacionado, no sabía explicar cómo, solamente era una sensación que le alertaba de que el castigo de Pons, la paliza a Segur y las llamadas perdidas formaban parte de la misma historia. Y si era así, si su amigo había recibido una paliza por culpa del chiste, pensaba llegar hasta el final.

Por el momento, sólo una cosa estaba clara: tenía que ir a hablar con Ester, el hilo llevaba hasta ella y hasta ella tenía que seguirlo. Vale, no le hacía ninguna gracia, pero el deber era el deber.

Hacía casi medio año que ni se dirigían la palabra. Mario hubiera subido a pie setenta pisos con tal de no compartir el ascensor con ella. Todavía estaba dolido, enfadado y herido en su orgullo. No la había perdonado y le costaba mirarla sin sentir que la herida volvía a abrirse. Siempre pensó que nunca volvería a hablar con ella. Salvo caso de absoluta emergencia. Llegar al origen del chiste era, ahora, un caso de ésos.

Cuando se la encontró en el recreo, en la puerta de la escuela, y se encaminó hacia ella haciendo un gesto con la cabeza, ella puso la misma cara que hubiera puesto él, es decir, una cara de «No me puedo creer que vengas a hablar conmigo y no me puedo creer que no te des cuenta de que no tengo ningunas ganas de hablar contigo».

Mario entendió la mirada, pero la ignoró. Fue ella quien en la fiesta de despedida de Eli se había enrollado con él para acabar largándose con otro al terminar. No le gustaba que le utilizaran para dar celos. Ella lo había hecho y no se lo perdonaba. De acuerdo, seguramente ella no le perdonaba que después él hubiera ido burlándose de ella por ahí, explicando que besaba con los dientes y que le había raspado la lengua. En todo caso, empate. Un empate deshecho cuando ella se encargó de propinarle una bofetada en medio de la clase de Matemáticas que dejó a la profesora tan cortada que decidió seguir con la lección como si nada. Bueno, hacía mucho tiempo de eso, y Mario pensaba que podrían entablar una conversación medio decente. Se equivocaba.

—¡Lárgate de mi vista, imbécil! Hueles mal. ¡Largo, fuera! —dijo moviendo su mano como si estuviera espantando moscas.

—Vengo en son de paz. Déjame hablar antes de...

—Que te pires, *¡pesao!* Tú y yo ya hemos hablado para el resto de nuestra vida.

Ella se marchó y se juntó con dos de sus mejores amigas, que habían visto el intento de acercamiento de Mario y se dedicaron a intimidarlo lanzándole unas miradas que cualquier juez hubiera condenado por asesinas.

—¿Quieres escucharme? Es importante —casi suplicó.

—Este gilipollas no entiende las cosas —dijo Ester dirigiéndose a sus amigas—. Es lentito el tío.

Mario entendió que tenía que cambiar de estrategia,

que si seguía así le iban a torear las tres juntas. Se quedó mirando fijamente a Ester y antes de empezar su ataque se dio cuenta de por qué se había enrollado con ella y por qué le había sabido tan mal que le dejara colgado y en ridículo delante de todos. Era atractiva. Tenía unos labios gruesos, que bailaban lentamente con todas las cosas que salían por ellos; por feas que fueran las palabras que dijera, sus labios eran preciosos. Tenía unos ojos negros en los que brillaba ese tipo de inteligencia que a los hombres les hace sentir o incómodos o protegidos, pero sin término medio. Su cuerpo, a pesar de ser atlético, era delicado y prometía suavidad, una suavidad contrarrestada por su expresión dura, seria, siempre dispuesta a no dejar pasar por alto nada que se pudiera parecer a una agresión. Ester tenía el encanto de la autosuficiencia, de la independencia, y cuando en clase alguna vez se hablaba de filósofos, antiguos sabios o heroínas medievales, Mario, sin querer, pensaba en ella.

—La verdad, Mayor, si te vas a quedar ahí como un mierda, te aseguro que hoy nos vamos a llevar aún peor que ayer —dijo ella haciendo que Mario se percatara de que se estaba desviando de su objetivo.

—Quiero hablar contigo —repitió Mario con el único objetivo de ganar algo de tiempo, recomponerse y encarar la situación.

—Eso ya lo has dicho, y ella no quiere hablar contigo —dijo una de sus amigas protectoras.

—Puedo hablar yo solita, gracias —replicó Ester, que no permitía que nadie saliera en su ayuda.

—Qué borde eres, tía.

—Ahora enfádate tú.

—¡Eh, soy yo quien ha venido a hablar! Ester, ¿puedes hacerme caso? Quiero preguntarte una cosa... y no, no quiero preguntarte por qué te enrollaste con Mateo después de hacerlo conmigo.

Era arriesgado, pero tal vez funcionara. Antes de que ella decidiera usar lo que pasó en su contra, lo hacía él. Antes de que ella le arrojara la piedra, ya se la había tirado él.

—Que te den...

Y Ester se fue apresuradamente. Sus amigas se quedaron donde estaban y él se fue tras ella.

—Espera, sólo quiero preguntarte quién te contó el chiste de Pons. Ya está. Pura curiosidad.

Frenó. Mario también. Temía su reacción; igual le daba un guantazo, como el que ya le dio en clase de Matemáticas. Sonó el timbre. Hora de volver a clase. Ella no dijo nada y entró en la escuela. Mario se quedó plantado. ¿Por qué siempre que hablaba con ella acababa plantado? Más de medio año y no había cambiado nada entre los dos. Y eso era precisamente lo que temía. Que nada cambiaba. Que si Eli volviera a despedirse y a montar una fiesta en su casa, él volvería a enrollarse de nuevo con ella, aun sabiendo el resto de la historia.

Entró en clase, decepcionado. Miró a Ester. Ni caso. Hora de Filosofía, pero Mario no tenía ganas de pensar más. Se quedó mirando como si estuviera escuchando, absorto en nada. Descansando un poco hasta que llegó un papel a su pupitre. Era una nota de Ester que decía:

«No he tenido tiempo de contestar a tu pregunta. Quedamos en el Parque del Libro esta tarde, pero no me persigas más por aquí. No quiero que nos vean hablar. Primero ve tú y yo ya llegaré.»

20. *Un mal guión de una mala película*

En realidad no se llamaba el Parque del Libro, sino de la Constitución, y representaba que el gran, enorme, descomunal libro abierto de cemento, que se elevaba de forma casi insultante y que se usaba como improvisada pista de *skate,* era la Carta Magna. Pero todos lo llamaban el Parque del Libro.

Mario llegó pronto y esperó a Ester sentado en un banco. Estaba tan nervioso como si tuviera que encontrarse con su amante, como si estuviera engañando a una novia imaginaria. No entendía por qué le había citado allí, tan lejos de la escuela. Sólo tenía que decirle el nombre de quien le había contado el chiste. Punto. Nada más. En realidad se lo podría haber escrito en la nota, si su máxima preocupación era que no los vieran juntos, podría haberlo resuelto por carta. ¿Para qué complicarse la vida? Como alguien los viera en el Parque del Libro, solos, a esas horas, después de las clases, entonces sí que tendrían motivos para pensar que estaban juntos y que habían vuelto a recuperar su amor truncado por Mateo, que ya no era el novio de nadie. Ese pensamiento le hizo escupir una sonrisa involuntaria que rápidamente se volatilizó al verla llegar, apresurada, con la carpeta debajo del brazo y con cara de pocos amigos.

—Hola, Ester…

—Oye, cállate. No digas nada y contéstame. ¿Por qué quieres saber quién me contó el chiste del Mamón? En el *insti* has levantado sospechas.

—¿Yo? Pero si yo no he…

—Mayor, no soy tonta. Además, eras tú el que ibas diciendo por ahí que cuando nos enrollamos me contagiaste un poco de inteligencia. Así que no pienses que soy tonta. Tú me contagiaste tu increíble inteligencia, gilipollas.

¡BUM!

No se andaba por las ramas. Seguramente ésa la tenía guardada desde hacía meses y ahora la soltaba sin avisar, sin venir a cuento. Mario bajó la mirada y apretó los labios. No tenía nada que añadir. Culpable. Era verdad. Pero también era verdad que poco después de aquella aventura, que duró exactamente cuatro besos y medio, ella había empezado a sacar unas notas buenísimas que dejaron sorprendido a todo el mundo. Esto lo había aprovechado Mario para esparcir, desde el dolor que sentía, algunos comentarios que a ella, sin duda, no le habían hecho la misma gracia que a él o que a algunas de sus compañeras, que le habían dicho en broma: «Eh, nos enrollamos luego, que mañana tengo un examen» y cosas por el estilo que a Mario le hacían sentirse bastante, bastante bien. Sin embargo, esa moda ya había pasado. Ya nadie se acordaba. Sólo Ester se acordaba.

—Sí, ya veo lo valiente que eres ahora. Pero bueno, vayamos a que eres un… Aún no lo tengo claro. Pero lo que sí sé es que no eres demasiado cuidadoso. Todos saben que andas preguntando lo del chiste y que estás muy pesado con el tema. No sé por qué, pero a mí no me metas. ¿Quieres ganar puntos con el profesor Pons? ¿Tan mal te va en Lengua? Estudia un poco y punto, ¿no? Si quieres nos enrollamos de nuevo. Tal vez te devuelva algo de la inteligencia que me contagiaste…

Mario no había previsto que ella tuviera tan pocas ganas de colaborar.

Se había tragado el anzuelo de la nota, había pensado que le iba a dar el nombre de quien le contó el chiste, no que se iba a cerrar de aquella manera, y menos que fuera ella quien le interrogara a él. Era un contraataque, más bien un contrainterrogatorio en toda regla. Tenía que reaccionar. Decidió probar la misma táctica que con Hassan. Ser medianamente sincero. Utilizar lo que le había pasado para implicar al interrogado en su búsqueda. Sí, su intención era hacerlo así, pero ahora tenía delante a Ester, no a Hassan, y eso le empujó a vacilarla un poco, a darse más importancia y a hablar con unos humos que, de tanto en tanto, se le subían a la cabeza, sobre todo cuando hablaba con alguna chica que le ponía nervioso.

—Mira, Ester, lo he intentado por las buenas, pero veo que tendrá que ser por las malas. Estás metida en un buen lío, y yo te puedo ayudar a salir de él. Su Excelencia, ya sabes, el director, piensa que has sido tú la que te has inventado el chiste y está muy, pero que muy decepcionado. Pero yo le dije: «No, Excelencia, no puede ser, ella es una buena chica. Deme cuarenta y ocho horas y encontraré al verdadero culpable». Así que dime, ¿quién te contó el chiste?

Cuando terminó de hablar, se dio cuenta de que tal vez se había pasado un poco. Parecía un mal guión de una mala película. Ya era tarde para rectificar. Decidió esperar a ver qué pasaba, tal vez ella mordiera el anzuelo.

No. Para nada. Lo que pasó fue Morti, uno de los tipos más violentos y desagradables del instituto Darwin. Uno de ésos a los que no hay ni que mirar a los ojos, no sea que se enfade y se le crucen los cables.

21. *Último aviso*

De Morti se contaban muchas historias y todas acababan en peleas, borracheras, expulsiones del colegio y, cuando la gente quería exagerar, en asesinatos sin resolver y persecuciones «made in Hollywood». Mario sabía que lo último no era cierto, lo primero sí. Igual que también era cierto que daba miedo. Mucho.

A primera vista, de lejos, Morti no llamaba demasiado la atención y parecía que se esforzara por pasar lo más desapercibido posible. Iba vestido al límite de la moda. Sin pasarse. Tejanos ni muy anchos ni muy estrechos, zapatillas ni de *raper* ni de futbolista, camisetas ni lisas ni completamente estampadas, pelo corto pero sin ir pelado... Sin embargo, era esa mirada, completamente fuera de órbita, junto a su cuerpo flaco y nervioso, lo que daba la sensación de que siempre estuviera a punto de saltarte a la yugular.

Al verlo, a Mario le flojearon las piernas y deseó que no se fijara en ellos. Pero lo hizo y a Mario le flojearon aún más las piernas. A Ester, no. Le flojearon los labios porque le dio un beso en la boca y Morti dijo señalando a Mario con la barbilla: «¿Es éste?»

Todo se apagó por un momento.

Sintió un dolor y vio el mundo dar la voltereta. ¿O era él? Qué más daba. ¡Cómo le dolía la boca!

Morti le había partido el labio y le había dado un rodillazo en la barriga que terminó por hacerle vomitar. Había intentado aguantar, mantener el tipo, no perder la compostura, pero había sido demasiado para él. Algunas personas que paseaban por el parque, al verlo, habían murmurado a gritos: «Qué pena de juventud», «Hay que ver, borracho y a estas horas, es una vergüenza». Pero no se acercaban, no se interesaban por cómo se encontraba.

Se sentó en un banco y esperó a que el labio le parara de sangrar y a que la sensación de tener el estómago del revés se le pasara. Aprovechó para repasar cómo había ocurrido todo.

Morti se había acercado, había besado a Ester, lo que quería decir que estaban juntos o algo parecido, le había dado el puñetazo de bienvenida a Mario y luego había dicho: «Deja de preguntar por el maldito chiste. Último aviso».

Como para sellar el pacto que él mismo había propuesto y que daba por sentado que Mario acataría sin más, le había dado un rodillazo en la barriga que le dobló y lo dejó tirado por el suelo un buen rato, momento en que Ester y Morti aprovecharon para desaparecer del parque sin que él pudiera ver por dónde, porque estaba más ocupado en no ahogarse que en seguirlos con la mirada. Además, aunque hubiera podido, tampoco lo hubiera hecho, no fuera que Morti pensara que aún tenía ganas de recibir unos golpes más.

Cuando estuvo un poco recuperado se levantó y tuvo que volver a sentarse porque veía pequeñas lucecitas blancas que danzaban en su campo de visión. Se sintió mal, no por sentirse mal, sino por Segur. Si a él dos golpes le dolían tanto, no quería ni imaginarse cómo lo estaría pasando su amigo después de la paliza.

¿Habría sido Morti?

Según lo que le había dicho Hassan habían sido los del Darwin, así que no sería de extrañar que Morti fuera también el responsable. No pudo seguir pensando en eso. El móvil sonó avisándole de que había llegado un mensaje, y cuando lo abrió, tuvo que leerlo de nuevo para creerlo.

22. SMS

Ven a la escuela.
Te espero en la sala
de profesores.
Necesito hablar contigo.
Profesor Pons.

23. Lo importante

Se sentía igual que si se hubiera tragado una montaña rusa y ahora le estuviera subiendo y bajando por la barriga sin que él pudiera hacer nada por detenerla. Tenía tantas ganas de dormir y de olvidarse de todo como de retroceder en el tiempo y defenderse mejor del ataque de Morti. Estar preparado, como mínimo, para que no le temblaran las piernas, para mantener la mandíbula firme, para conseguir que no le chocaran los dientes de arriba con los de abajo. Pero era tarde y le dolía el cuerpo… y algo más. Durante algunos microsegundos pensaba que había tenido suerte y que podría haber sido peor y que le podría haber pasado como a Segur, pero el sentirse un tipo afortunado le duraba poco. En seguida venía la ola de reproches por su comportamiento, por no haber plantado cara y haberse limitado a colocarse bien para que le pegasen. ¡No era ni un buen cobarde! Un profesional de la cobardía habría salido corriendo a tal velocidad que habría levantado los vestidos de las viejecitas del parque. Él ni eso. Allí quieto, parado. Patético. Sin poder creer que Ester le hubiera tendido una trampa. ¿Cómo había podido pensar ni por un segundo que Ester quería algo con él? ¿Cómo había sido tan tonto de dejarse engañar? ¿Por qué seguía pensando en eso si tenía en su móvil un mensaje del mismísimo profesor Pons?

«Céntrate, Mario, céntrate en lo importante», se sorprendió diciéndose lo mismo que su padre le repetía una y otra vez cuando estaba estudiando y no paraba de levantarse para ir a buscar agua de la nevera.

Su padre tenía razón.

Centrarse en lo importante, eso era lo importante. Olvidar su orgullo herido que le sangraba por el labio. Lo importante era el mensaje de Pons. Tenía que concentrarse en eso.

Volvió a mirar el teléfono.

Él no tenía el teléfono de ningún profesor. ¿Cómo es que Pons tenía el suyo?

«Bueno, seguramente en la escuela tienen todos nuestros teléfonos», pensó, y en el acto se tranquilizó al recordar que, a principio de curso, el tutor les había pedido que rellenaran una ficha en la que tuvieron que poner el correo electrónico y el móvil.

Claro, sería eso.

El cobarde que hacía un rato se había quedado helado ahora le gritaba, le suplicaba para que no fuera, para que empezara a correr y no parara hasta llegar a casa, meterse en la cama... o, mejor aún, debajo de la cama, y esperar a que todo se tranquilizara y llegara, como mínimo, el fin de semana. Pero Mario no estaba para escuchar al cobarde que quería tomar el mando de la situación. ¡Haber hablado antes! ¡Haber corrido cuando era necesario! Ahora no hacía falta correr, bastaba con ir paseando hasta la escuela y comprobar qué era lo que quería Black Pons. «Quién sabe, a lo mejor se lo ha pensado mejor y nos ha levantado el castigo y quiere decírmelo cuanto antes, para que no sufra más», intentaba decirse. «Puede que quiera saber cómo llevo la investigación.» «Puede que sea... otra... ¿trampa?»

Se detuvo.

Este pensamiento le había traicionado. A pesar de ello, siguió adelante y se convenció de que, por muy siniestro que fuera Pons, era incapaz de pegarle una paliza. Sí, sin duda lo peor del día había pasado. Con un puñetazo en la boca y un rodillazo en la barriga ya había cubierto el cupo de cosas feas del día. Tenía que acercarse a la escuela, ignorar por completo aquella sensación que le advertía que se estaba equivocando.

24. *Una risa contagiosa*

El instituto estaba abierto. Menos mal, o menos bien; aún no lo tenía claro.

No había pensado en una alternativa por si estaba cerrado, así que se alegró al comprobar que los del equipo de baloncesto estaban entrenando y Freddy, el encargado de mantenimiento, esperaba a que hubieran terminado para cerrar.

A Mario le tranquilizó saber que no estaba solo, que todo un equipo de baloncesto, formado por chicos dos años mayores que él, fuertes y algunos de ellos gigantes, estaba allí, por lo que pudiera pasar. Pero ¿qué podía pasar? Nada, no podía pasar nada. Simplemente, un profesor le había convocado para comentarle algo. Algo importante y urgente. Simplemente. Punto final. No era ninguna trampa. Pons no iba a darle una paliza ni a poner un examen sorpresa. Diría lo que tuviera que decirle y él, entonces, volvería a casa y por el camino buscaría alguna explicación que convenciera a sus padres de que la sangre de la camiseta y la herida en el labio no eran nada de lo que tuvieran que preocuparse.

Cruzó rápidamente la puerta que llevaba al patio, sin saludar, preocupándose de que no le vieran, porque tampoco le apetecía dar explicaciones a un equipo entero de básquet. Con que él supiera que estaban allí era suficiente.

Encaró el pasillo, en penumbra. Los fluorescentes estaban apagados y sólo llegaba, rebotando cansada, la luz de los focos del patio. A lo lejos, demasiado a lo lejos, se oía el botar de las pelotas contra el suelo, los tiros que iban al aro y el chirriar de las zapatillas, que parecían protestar porque el jugador frenaba en seco o cambiaba de dirección sin avisar. Giró a la derecha y con el giro aún dejó más atrás el sonido del entrenamiento de baloncesto, ahora casi imperceptible, y aquella luz fue sustituida por otra que salía de la puerta cerrada de la sala de profesores. Ese silencio casi absoluto sólo duró un suspiro. De la sala de profesores le llegó el sonido de lo que parecía una risa tímida primero y una serie de carcajadas después. Mario pensó que si el profesor estaba de tan buen humor era muy buena señal.

Siguió recorriendo el pasillo.

La carcajada fue a más y a más y se convirtió en unos gruñidos hilarantes, desenfrenados, desbocados. Mario recordó la llamada anónima que había recibido por la noche. ¿Era la misma voz? ¿Salía de la misma boca? No lo tenía claro. Se detuvo tan en seco que sus zapatillas bien podrían haber chirriado como las de los jugadores.

La risa seguía y seguía y el aire olía raro, como a polvos de talco mezclados con pegamento, como a hierro y a sal, a sudor caliente y pastel de patata.

La risa seguía y seguía, y Pons, tenía que ser él, de eso estaba seguro, soltaba el aire como si le doliera hacerlo de tanto reír.

Mario empezó a dejar escapar pequeñas risitas nerviosas. Estaba contagiándose de la risa del profesor porque era sincera, no era tétrica, no daba miedo, más bien hacía sufrir al dar la sensación de que Pons podía quedarse sin aire, al oír que a veces Pons se veía obligado a exhalar el aire a toda prisa para llenar los pulmones y así volver a reír y a reír y a reír, cosa que le estaba haciendo gracia a Mario, quien empezó también a no poder parar de reír y de reír y de reír. Y así, sin parar de reír, fue cómo Mario llegó hasta la puerta del despacho, puso la mano en el pomo y se decidió a llamar.

25. *Ya no reía*

No contestó.

Pons seguía presa de su ataque de risa, hasta el punto de que ni tan siquiera se enteró de que alguien llamaba a la puerta de la sala de profesores. Mario, riendo cada vez más, lo volvió a intentar. Más fuerte. Menos tímidamente. Con más descaro.

Nada.

Pons seguía riendo, consumiéndose en su risa. ¿Qué hacer? ¿Entrar sin que le dieran permiso? Ja, ja, ja... era lo único que empezaba a poder pensar Mario, que estornudó porque el olor del aire era cada vez más fuerte y le hacía cosquillas en la nariz, cosa que le produjo aún más risa. Intentaba aguantarse, ponerse serio, que no se le escaparan demasiadas carcajadas. Si seguían armando tanto escándalo, les iba a oír hasta el equipo de rugby que entrenaba al otro lado de la ciudad. La mejor idea, sin duda, era entrar. Pero cuando estaba a punto de hacerlo, la risa de Pons se convirtió en un intento desesperado por respirar, en ganas de coger aire, de sobrevivir, de no atragantarse, de permanecer con vida.

A Mario se le pasó la risa por un segundo. Los ojos también le escocían y no sabía si era de tanta risa. Un golpe. Alguien había caído al suelo. Silencio. Pons ya no reía. Unos pasos se dirigieron hacia la puerta. Mario reía. No sabía por qué. No tenía motivos. Ya no. Tenía miedo. En la sala de profesores había más de una persona. Estaba seguro. Uno había caído al suelo fulminado de risa, y Mario estaba seguro de que era Pons. Otro se dirigía hacia la puerta y le iba a encontrar allí.

¿Le habría oído reír? ¿Qué quería? ¿Qué había pasado allí dentro? No se quedó para comprobarlo. Ahora sí, sus piernas respondieron y empezó a correr y a correr con dificultad porque no podía parar de reír. Oyó cómo se abría la puerta de la sala de profesores. No se giró. Siguió corriendo y no paró hasta salir del instituto.

26. *Ensalada de tortas*

Mario sólo tenía ganas de llegar a casa, no contestar a las preguntas de sus padres, sino saber que estaban allí. Era extraño: imaginárselos cenando tranquilamente le daba una sensación de seguridad estúpida e infantil. No lo hubiera confesado a nadie, lo hubiera negado ante cualquier tribunal, pero necesitaba tener esa sensación de seguridad, creer, como de niño, que ellos eran invulnerables, invencibles, que pasara lo que pasara, que se rompiera lo que se rompiera, ellos lo podían arreglar. Pensar que eran un refugio atómico, a prueba de bombas y... de risas.

No sabía lo que había pasado en la sala de profesores. No quería saberlo. Ni planteárselo, se hubiera arrancado la cabeza para no tener que pensar en ello.

Lo peor y lo que más le preocupaba era que de vez en cuando se le escapaba una risotada espontánea que hacía que la gente le mirara y pensara que estaba loco. Eso, sumado a que cada dos por tres se giraba para asegurarse de que nadie le estaba siguiendo, no dejaba lugar a dudas: se le estaba yendo la cabeza.

Por fin llegó al portal de casa y se sintió como quien

está frente a las puertas del paraíso perdido. Su hogar. Sus padres. Su refugio atómico. Allí estaba. Nunca había tenido tantas ganas de llegar, subir en el ascensor, abrir la puerta y saludar a sus padres.

—¡Ya estoy en casa!

Su voz se perdió, absorbida por las paredes.

—¿Mamá? ¿Papá? Ya estoy en casa. Ya... he llegado.

No era sólo que nadie le contestara, era que olía a cerrado, era que olía a silencio, a vacío, a no-padres.

¿Ring?

El teléfono. El fijo. El que ya no sonaba nunca.

¿Más amenazas? ¿Más carcajadas? Cerró la puerta. Encendió todas las luces posibles. El teléfono calló un momento para volver inmediatamente con su sonido de campanilla frenética y medio afónica. No quería contestar. Su corazón se estaba acelerando. Podía sentirlo retumbar en su pecho, en sus oídos. Lo sentía dentro de las venas. Mario hizo un esfuerzo para respirar con calma, pensando que respirando con calma también podría mantenerla.

Miró dentro de todas las habitaciones de la casa. Sonó su móvil, lo llevaba dentro del bolsillo del tejano. Del susto, dio un pequeño salto. Miró la pantalla. «Casa móvil.» Eran sus padres. ¿Eran sus padres?

—Mario, ¿se puede saber por qué no coges el teléfono? Te estamos llamando desde hace más de una hora...

—Hola, papá. No lo he oído.

—¿Y el de casa tampoco? Bueno, oye, que ya hemos llegado. Todo bien —dijo su padre aún con esa voz frustrada que a uno se le queda cuando después de insistir muchas veces por fin le contestan la llamada.

—¿Llegado?

Claro, llegado. Se lo habían dicho un millón de veces, más o menos. Se lo habían anunciado más que si vendieran detergentes por la televisión. «¡Qué pesados!», había pensado cuando se lo habían repetido ya seiscientas cuarenta y cuatro veces, pero se había olvidado. Tenían que irse de viaje y le dejaban solo. En otro momento hubiera estado encantado de tener toda la casa para él. Tranquilo. Haciendo su vida, sus horarios, alargando la noche y apurando el día. Ahora no. Justo hoy, no. Quería pedirles desesperadamente que volvieran, que esa noche, sólo esa noche, los necesitaba. Lo hizo a su manera.

—¡Ah, sí, perfecto! ¿Todo bien?

—Sí, todo bien, Mario. ¿Quieres hablar con tu madre?

Por supuesto que quería, ¿qué pregunta era ésa? A ver si ella entendía el mensaje.

—No, no hace falta. Dale un beso. Me voy a cenar.

—Vale. Te hemos dejado…

—Sí, ya lo he visto. Bueno, pues pasadlo bien.

Fin de la llamada. Otra vez el silencio. Estaba solo en el refugio atómico. Tenía que pensar con claridad. No dejarse llevar por la paranoia. Relajarse.

«Bien, todo en orden —se convencía—. No hay nadie en casa. Yo. Nadie más. Nadie. Pons o alguien se ha caído de la silla y otro *profe* ha ido a buscar ayuda o a traerle un poco de agua para que se le pasara el ataque de risa. Punto. Nada más. ¿Y las risas por teléfono? —como la llamaba él—, una bromilla de alguien. Tal vez fue Morti, y como él ya me ha pegado, no me va a hacer nada más. Tampoco creo que venga a clavarme un cuchillo. Si hubiera querido, me hubiera arreado más. Fin. Se acabó. Estoy en casa, solo. Nadie más. Tengo el caso resuelto. Ha sido Morti. Se lo diré a Pons, no nos suspenderá. Ella me volverá a hablar y luego reiremos todos juntos y nos caeremos de la silla.»

Este último pensamiento le hizo reír. Se alegró de tomárselo a broma, o como mínimo de que su cabeza hiciera un esfuerzo para combatir, con sentido del humor, los miedos irracionales.

Todo controlado.

Un poco de televisión antes de cenar..., no, mejor de ordenador. Mucho mejor. Tuvo la repentina esperanza de que Segur se hubiera recuperado lo suficiente como para conectarse. Tenía ganas de saber exactamente qué había ocurrido. De que él mismo se lo contara.

No encendió el ordenador porque ya estaba encendido. Casi siempre lo dejaba en reposo. Un *mail.* Remitente desconocido. Asunto: «Esto sí que tiene gracia». Sin texto. Sólo un vídeo titulado *Ensalada de tortas.*

¿Spam?

Pasó el antivirus. Estaba limpio.

27. joquerisa@hotmail.com

El vídeo duraba siete minutos y treinta y tres segundos, tiempo en el que Mario respiró solamente porque el cuerpo ya lo hacía solo. Si tuviera que haber pensado en ello, se hubiera ahogado.

Siete minutos y treinta y tres segundos, tiempo exacto en el que Segur había recibido la paliza de su vida.

Tres le pegaban, uno había grabado con el teléfono móvil y se lo había enviado por *e-mail* con un título que intentaba ser un chiste: «Ensalada de tortas».

Le daban patadas, algún que otro puñetazo e iban partiéndose de risa, como si en lugar de pegarle le estuvieran contando algo muy gracioso. No se oía demasiado bien. Las risas se distorsionaban, convirtiéndose en sonidos endiabladamente crueles, profundamente malvados. Si el diablo alguna vez reía, tenía que ser de esa manera. Mario no sabía qué hacer. Se quedó simplemente mirando el reproductor de vídeo que ya no reproducía nada.

Entró otro *mail.* Sin remitente. Se fijó en la dirección: joquerisa@hotmail.com. La típica dirección creada para la ocasión. Ninguna pista.

Asunto: «Para que se acabe el chiste, tienes que callar».

Abrió el mensaje sin la esperanza de encontrar más texto. Así fue. Sólo dos iniciales a modo de firma: G. G. La leyó en voz alta, entendiendo la broma: «Je, je».

28. *Monos*

No sabía qué pensar. Mejor, no pensaba. Se limitó a ver el vídeo cuatro veces más. Quería encontrar alguna pista, algún detalle que pudiera descubrir a los culpables, que pudiera darle la razón en sospechar que había sido Morti. Cualquier cosa, por pequeña que fuera, le serviría para cerrar el caso definitivamente.

Nada. Lo único que se veía en el vídeo era a tres individuos vestidos con unas largas gabardinas negras que llegaban hasta el suelo y ataviados con unas máscaras de mono que les cubrían toda la cabeza. No se podía adivinar si eran rubios o morenos, si llevaban el pelo largo o corto. Eran monos, como King Kong, partiéndose de risa y partiendo a su amigo a patadas, en el suelo, asustado, inmóvil, sin poder creer que estuviera en una situación como ésa.

Monos. Instituto Darwin. ¿Tal vez era una pista o sólo una broma más? ¿Era suficiente como para decir que Morti era el culpable más allá de toda duda razonable? No, por supuesto que no. Pero tenía que ser él.

Todo encajaba.

Morti era siniestro, violento y además salía con

Ester, o como mínimo tenían una relación lo bastante estrecha como para darse besos con la boca abierta. Él habría inventado, o mejor aún, copiado el chiste, y ella lo habría introducido en la escuela. Luego el chiste se complicó y acabó con esta extraña investigación, así que decidieron darle una paliza a Segur para asustarle, para que Mario dejara el caso o porque Segur le había proporcionado a Mario el hilo del que éste había tirado. Ahora le amenazaban vía *e-mail* y le exigían que no metiera las narices donde no le importaba. Sí, Morti y algunos de sus amigos se habían divertido un rato con Segur.

De todos modos, que alguien hubiera sido capaz de pegarle tal serie de golpes a Segur y que otro, más vomitivo, hubiera sido capaz de grabarlo en vídeo... No se lo creía. Tenía que convencerse de que eso era verdad, de que realmente lo estaba viendo, de que era cierto que había recibido un vídeo así.

Claro, por supuesto, había oído cosas, había visto noticias de ese tipo y había escuchado a sus padres comentar que si la juventud aquí y la juventud allá. Sin embargo, Mario siempre se había sentido muy alejado de esos casos que tomaban la suficiente fama mediática como para que todos los adultos del país que vieran a un chaval con un móvil pensaran que estaban a punto de pegar una paliza a un compañero, grabarla y subirla a YouTube. Vivirlo era tan extraño como vivir una pesadilla sabiendo que lo es. Era aterrador ser consciente de que las víctimas y los verdugos de los telediarios eran gente normal.

Lo único que podía llegar a tranquilizarle, si buscaba

desesperadamente algo para tranquilizarse, era que en el texto decía claramente que si él no seguía, todo habría acabado. Y Mario tenía tantas ganas de que acabara que no pensaba en otra cosa que en dejarlo ahí. Fin del caso. No quería terminar en el hospital por un chiste más o menos ingenioso. Si Pons se había ofendido, que se ofendiera.

Aun así, convenciéndose de que todo había terminado, no pudo sacarse de encima el impacto de las imágenes, de los monos pegando a Segur. Cerraba los ojos y allí estaba el vídeo de nuevo, reproduciéndose automáticamente en su cabeza.

No cenó. Se le había pasado el hambre y no tenía ganas de hacer nada. No quería conectarse a Internet, no quería *chatear* con nadie porque no podría explicar lo único que tenía ganas de compartir con alguien. No, no sería prudente comentarlo por la red. Le acababan de advertir y por el momento se tomaba muy en serio la advertencia. Sólo quería que pasara la noche y que el día trajera un poco de luz, algo nuevo, aunque fuera tiempo para que todos empezaran a olvidarse del maldito chiste y que Segur se recuperara y que se le pasara el susto que todavía le debía de doler por dentro.

Era jueves.

La mañana siguiente sería viernes y con el fin de semana todo se calmaría.

Miró la casa. Una y otra vez miró y volvió a mirar. La noche avanzaba y las casas de noche hacen ruido. Crujen. Se desperezan. Sabía que era una tontería, que no había monos fantasmas para pegarle. Pero estaba solo y la casa se le estaba haciendo grande.

No quería ir a la habitación. Se quedó en el comedor, tumbado en el sofá. No tenía sueño, parecía que nunca iba a poder tener sueño, que los ojos se le iban a quedar abiertos, que el sueño se había ido a otra parte y que nunca más volvería. Pero volvió y, al final, muy de madrugada, se quedó tan profundamente dormido que no oyó cómo llamaban a la puerta.

29. Más timbre

¿Qué hora era? ¿Era por la mañana? ¿Aún era de madrugada? ¿El timbre? ¿Eso era el timbre? ¿Era su timbre? ¿Ese sonido venía de sus sueños o de la realidad?

Otra vez.

Otro ring.

No había duda, ese timbre no venía de ningún sueño. ¿Quién sería? Se levantó. Le dolía todo, tenía frío y estaba descolocado. Le costó unos segundos saber por qué había decidido dormir en el sofá. El vídeo. La paliza. El miedo que había sentido por la noche ahora le parecía algo exagerado, pero igualmente real.

Entraba luz, el día era claro y, con el sol, los temores se habían desenfocado, habían perdido intensidad.

Más timbre.

¡Qué pesados! Miró el móvil. ¡Las once! Se había dormido. Se había dormido mucho.

Más timbre.

Se estaba poniendo nervioso. Buscó algo decente que ponerse mientras los porrazos seguían. Problemas. Tal vez alguien de la escuela había venido a buscarle.

A lo mejor pensaban que se encontraba mal o que le había pasado algo. Se equivocaba. Una vez más.

—¡Abran la puerta! ¡Policía!

30. De... un ataque de risa

Cuando abrió la puerta puso la típica cara que pone la gente cuando está frente a la policía. Sí, trató de fingir una normalidad anormal, como si uno estuviera acostumbrado a recibir visitas de este tipo. Un esfuerzo para engañarse, para no aceptar que cuando la policía aporrea la puerta de casa es más que probable que no vengan con muy buenas noticias. Sin embargo, Mario mantuvo la dignidad y la compostura, repasándoles de arriba abajo, aunque rápida y disimuladamente.

Un hombre y una mujer.

Él iba de uniforme y se mantenía tras la mujer, que vestía de paisano. Treinta y tantos. Pelo negro, liso, muy brillante, como un tobogán que quema al sol de un parque al mediodía. Mirada igual de intensa bajo unas cejas algo gruesas, pero perfectas para esa cara angulosa y blanquecina que acababa en una boca gruesa, de labios apretados y una cicatriz en la comisura que se alargaba como una media sonrisa perpetua.

—¿Eres Mario Mayordomo Descalzo? —dijo la

mujer, suave y educada, casi queriendo ser tranquilizadora.

—Sí —contestó Mario, esperando que el director no le hubiera mandado a la policía por haberse quedado dormido.

—¿Están tus padres en casa?

—No…

—Ah —gruñó la mujer decepcionada y mirando de reojo al otro policía, un tipo con sobrepeso que tenía cara de sudar mucho.

—Si quieren pueden pasar… —dijo Mario sin saber muy bien la razón de esa invitación, limitándose a imitar lo que había visto en las películas.

—Bueno, sí —titubeó ella—. Sí, será mejor que hablemos en privado. En el instituto nos han dicho que no habías ido y que tal vez estuvieras enfermo. Y a juzgar por tu labio… ¿Te duele?

—No, no me duele. Es que me di un golpe…

—Contra una puerta, supongo. Hay que ver lo malas que son las puertas. No sabes la de gente que interrogo que se da contra las puertas sin querer. Deberíamos detenerlas a todas. Hasta la puerta con aspecto más inofensivo es una agresora en potencia.

Mario no supo si reírle la gracia o no. Siguió como si nada.

—No estoy malo, sólo que hoy me he dormido. No me pasa casi nunca… —contestó con sinceridad, para que se viera de entrada que él no tenía nada que ocultar—. Ahora mismo me visto y voy a…

—No va a hacer falta, Mario. No hemos venido para llevarte al instituto —le interrumpió haciendo un gesto con el labio que provocaba que la cicatriz se adueñara de su expresión—. Se han suspendido las clases. Has escogido un buen día para dormirte.

Si se suponía que tenía que responder algo a eso, no encontró el qué. Ella se sentó en el sofá. Mario también y notó, algo avergonzado, que aún estaba caliente de haber estado durmiendo allí.

—Yo soy la inspectora Rosario Calaf y él es el agente Eduardo Campero.

Él se limitó a inclinar la cabeza con un golpe seco y rudo y permaneció firme, en pie, con las manos apoyadas en el cinturón en el que llevaba la pistola, las esposas y un botecito de spray. Se quitó la gorra y descubrió una cabeza con la coronilla calva, un desierto que se extendía y amenazaba con hacerse con el control de todo.

—No me andaré con rodeos —dijo ella dejando a su lado la carpeta roja que llevaba en la mano y en la que Mario no había reparado—. Esta mañana han encontrado muerto al profesor Pons.

Silencio.

Lo sabía. Cuando había visto que quien llamaba era la policía lo había adivinado sin querer adivinarlo. Intentó mostrarse mucho más sorprendido de lo que realmente estaba. No le salían las palabras. Se pasó la mano por la cara.

Uf. ¿Estaba en un lío? ¿Tendría que acabar llamando a un abogado? ¿Iban a detenerle? ¿Sabrían que él había estado allí? ¿Alguien le había visto salir corriendo y riendo, riendo y corriendo como un loco?

—Al parecer ha muerto de… un ataque de risa.

—¿Un ataque de risa?

—Sí, un ataque de risa. Sin embargo, existen ciertos cabos sueltos que nos gustaría atar antes de cerrar el caso. Nos han dicho que tal vez tú pudieras ayudarnos.

Mario entendió perfectamente que, al contrario de lo que había dicho la inspectora Calaf, no había escogido el mejor día para dormirse. ¿Le convertía eso en sospechoso?

—Según los primero análisis, y a la espera de la autopsia, el señor Pons murió cerca de las ocho de la tarde. Hay testigos que te vieron salir del instituto a esa hora. O como mínimo pensaron que eras tú. ¿Dónde estabas a esa hora, Mario?

Sí, no había duda. Estaba en un lío. Si decía la verdad tal cual parecería mucho más sospechoso de lo que era. Tenía que camuflar la verdad, rebajarla un poco. Era consciente de que las mentiras lo lían a uno, le hacen tropezar y entonces es muy fácil atrapar al mentiroso. Por eso la base de su historia, como hacía tantas veces, tenía que ser la verdad.

—Estaba en el instituto.

La inspectora Calaf pareció sorprendida por la respuesta.

—Había quedado allí con el profesor Pons para repasar un trabajo que me había puesto, para recuperar una..., un...

—¿Un castigo? —le interrogó ella, adelantándose, jugando al ajedrez.

—Sí, por...

—¿Te castigó el profesor Pons?

¡Mierda! Se estaba liando. Había movido la ficha demasiado rápido.

—Sí, pero me castigan muchos profesores.

—Entiendo. ¿Y qué te dijo el profesor Pons?

Pensó deprisa. Muy deprisa. ¡Sí, lo tenía!

—No llegué a verle. Es que me dijeron que a un amigo mío le habían dado una paliza unos de otro instituto y tuve que faltar a la cita.

—¿Faltaste a una cita con un profesor? ¿Quién te dijo lo de tu amigo? ¿Cómo? ¿Te envió un mensaje? ¿Te llamó?

—Inspectora, por favor..., no nos está permitido interrogar así a un menor...

¡Bien! El agente Campero salía en su defensa. La inspectora Calaf miró con autoridad al agente. Éste no se dejó acobardar y añadió:

—No están sus padres. No podemos interrogarle. Es ilegal y lo sabes.

—Sí, es verdad —contestó ella haciendo ver que entendía que se estaba pasando—. Perdona, Mario. Es sólo que hay unos cuantos puntos que no acabo de ver claros. Dices que al final no pudiste ver al profesor...

—Sí, y salí corriendo para averiguar qué le había pasado a mi amigo, pero no pude llegar a tiempo porque ya estaba durmiendo —la interrupción del otro policía le había envalentonado y se había atrevido a interrumpir a la inspectora.

—¿Antonio Segurola?

Vaya, le había dado tiempo de investigar a fondo.

—Sí.

—Muy bien. ¿No viste nada raro, no te cruzaste con nadie cuando estuviste en el instituto?

Calaf había rebajado descaradamente la intensidad del interrogatorio. Mala señal. Eso podía significar que ya había encontrado lo que había ido a buscar. ¿Sería declarado sospechoso oficial de asesinato? No, imposible, él no había hecho nada.

—No, no me crucé con nadie. Sólo el equipo de baloncesto que estaba entrenando. Nada más.

—Perfecto. Una pregunta más…

—Inspectora, tenemos que irnos ya. Éste no es el procedimiento…

—Sí, entiendo. Bueno, oye, Mario, si te acuerdas de algo, si te viene a la cabeza cualquier detalle, por pequeño que sea o por poca importancia que pienses que tenga…, por favor, llámame aquí, a este número de móvil. Cuando sea. Veinticuatro horas. No sufras por la hora, no duermo demasiado.

La inspectora Calaf le dio una tarjeta y con un bolígrafo resaltó el número del teléfono móvil.

—Por cierto, Mario, ¿en los últimos días has notado algo distinto en tu vida? ¿Has recibido correos extraños o…?

—Por favor, inspectora, ya está bien. Debemos irnos. Esto es muy irregular —ladró el policía poniéndole la mano en el hombro, apremiándola para que se levantara.

Calaf se dirigió a la salida con desgana, mientras aprovechaba para decir:

—Está bien, está bien. Las reglas son las reglas. Mario, tú llámame, hazlo, por tonta que parezca la cosa que me quieras contar o por más que pienses que no te voy a entender… Sí te voy a entender.

Dijo esto y los dos policías se marcharon, dejando a Mario solo, dando vueltas a la última frase de la inspectora y dándose cuenta, demasiado tarde como para avisarla, de que se había dejado la carpeta roja encima del sofá.

31. Fotos

¿A propósito o un simple descuido?

Cogió la carpeta y la examinó por fuera. Nada. Sólo roja y en la parte superior derecha un número: 0100023/12.

Pensó unos segundos y se dio cuenta de que no había nada que pensar. Iba a abrir la carpeta sí o sí. Era absolutamente incapaz de no hacerlo.

Por supuesto, cualquiera que no se encontrara en esa situación, incluso él, diría bien alto y con el pecho henchido de orgullo e integridad que eso no está bien, que lo que hay que hacer en estos casos es devolver la carpeta sin abrirla porque no es tuya y bla, bla, bla. Para Mario era como encontrar abierto el *mail* de una novia y no dejar caer los ojos rápidamente por los asuntos y abrir ese mensaje de un remitente desconocido, y masculino, en el que pone: «Nunca olvidaré esta noche ni esta foto». Demasiado tentador.

Abrió la carpeta como quien abre la puerta de un piso desconocido porque se ha encontrado con las llaves.

Fotos.

Fotos horribles del cuerpo sin vida del profesor Pons.

Fotos desde todos los ángulos. Planos generales, planos cortos, planos macabros en los que la vista no podía liberarse de aquella mueca que ya no era una risa, sino un dolor intenso, invencible, un espasmo que le había desencajado la mandíbula, desorbitado los ojos y retorcido el cuerpo. Una carcajada forzada, un grito de socorro, una súplica para que alguien detuviera esa tortura.

Una y otra vez Mario pasaba las fotos, incrédulo y fascinado por ver al muerto… muerto de risa.

Tanto era el poder de las imágenes que tenía entre las manos que tardó en darse cuenta de que en el reverso de la carpeta había algo escrito, garabateado con pésima letra:

«Pruebas policiales. Si encuentra esta carpeta, por favor, devuélvala a la inspectora Rosario Calaf o puede incurrir en un delito de obstrucción a la labor policial.»

32. Y tú te fuiste corriendo

Mario sabía que tarde o temprano tendría que devolver la carpeta roja. No quería que luego la inspectora Calaf pudiera acusarle de nada. Se la puso en la mochila y se dijo que lo decidiría más tarde. De momento sólo podía pensar en si la muerte del profesor Pons había sido un accidente o…

¿O qué?

Nadie mata de risa, intentó convencerse.

«Si esto hubiera sido un asesinato, habrían recurrido a una manera menos divertida para cometerlo», pensó haciendo que el pensamiento le provocara una sonrisa sin ganas de reír. Pero los pasos que había oído dentro de la sala de profesores…

¿Qué significaban esos pasos? ¿De quién eran? Y peor aún, ¿estaba el chiste relacionado con el asesinato, era parte de una amenaza cumplida? ¿Un ajuste de cuentas? ¿En qué estaba metido el profesor Pons? No podía pasarlo por alto. Si era sincero consigo mismo, si hacía caso a su intuición, la respuesta era sí. Un sí rotundo. Un sí que hacía que prácticamente todos los datos que él tenía encajaran: las amenazas que había recibido, las llamadas por la noche, la paliza a Segur y, por supuesto, el chiste acerca de Black Pons... Todas aquellas piezas parecían parte de un puzzle complicado del que aún no podía adivinar la imagen.

¿Qué hacer, entonces? ¿Dejarlo todo? ¿Hacer como si la cosa no fuera con él?

Sí, sin duda. Era lo mejor. Dejar el caso. No meterse. Si era algo gordo, él pasaba de complicarse la vida con gente capaz de dar palizas y matar, y si no era nada gordo, ¿para qué implicarse?

Además, si Black Pons tenía un pasado tan *black* como para haber acabado muerto de risa, eso quería decir que encima era un hijo de... Mario se negó a acabar el insulto, ni siquiera en sus pensamientos le gustaba hablar así de un muerto. Pero ahora él no estaría metido en no sabía exactamente qué si no hubiera sido por su extraño castigo de seguir la pista del chiste. Con Pons muerto, el castigo había muerto también. No era probable que el director del instituto quisiera seguir con eso. Lo mejor que podía hacer era ir a ver a su amigo Segur y esperar a que todo volviera a la normalidad.

Salió de casa algo aturdido y sin saber si tenía que seguir sintiéndose amenazado o no. Miró a derecha y a izquierda y no vio nada sospechoso. Tenía que empezar a dejar de pensar en todo aquello. Paró en un semáforo y no oyó cómo unos pasos rápidos y ansiosos se acercaban hacia él.

Apenas tuvo tiempo de que el corazón le diera un triple salto mortal. Alguien le había abrazado por la espalda. El susto duró el instante que ella tardó en decir:

—¡Mario, estás aquí! He venido a buscarte. Qué suerte que estés bien. ¿Y ese labio?

No podía tener miedo de esa voz. Era Ella, su voz... y no sólo eso. ¡Ella estaba abrazada a su espalda! Inmediatamente notó que toda la sensibilidad de sus nervios se trasladaba a la parte trasera de su cuerpo. Esperó un poco para disfrutar de ese momento antes de girarse y comprobar, alucinado, que Sofía le abrazaba aún más fuerte, de cara, aplastando el cuerpo contra el suyo y apretando su cabeza contra su pecho. Cualquiera que los viera pensaría que eran novios.

¿A qué tanto cariño?

—También yo me alegro de verte, Sofía.

Mario casi nunca se atrevía a llamarla por su nombre porque sentía que, si lo hacía, perdía parte de la magia. Era algo difícil de explicar y que no le pasaba, ni nunca le había pasado, con nadie. Tal vez era porque sentía que cuando la llamaba por su nombre le temblaba la voz. No podía permitirse algo así.

—¿Qué te ha pasado en el labio? ¿Te han pegado? ¿Quién?

—No me han pegado. Ha sido una puerta asesina que tengo en mi casa. La policía ya lo sabe —dijo haciendo una broma privada que Ella, claro, está, no entendió.

—No sé si creerte. Estoy asustada. Necesito hablar contigo. ¿Te has enterado de lo que ha pasado?

—Sí, me he enterado. Me ha venido a ver la policía. Alucina. Pobre Lord..., digo, pobre profesor Pons. He flipado. Una inspectora y un tipo gordo de uniforme han estado en mi casa y... —dudó si decir lo de las fotos; prefirió callar—. No sé..., querían hacerme preguntas. Yo creo que han pensado que le he matado yo —dijo en broma para ocultar sus sentimientos.

—Mario, escucha, estamos metidos en un buen lío.

—¿Perdona? Yo no me he liado con nadie...

—Mario, hemos de hablar. Vamos a tomar alguna cosa.

—No sé..., iba a ver a Segur, tal vez por la tarde...

En otra ocasión, de hecho en cualquier ocasión menos en ésa, hubiera montado él mismo y con sus propias manos un bar con tal de sentarse a solas con ella para tomar algo. Ahora, no quería meterla en eso de lo que él había decidido salir.

—Mayor, vamos a tomar algo y punto, y no voy a aceptar que me dejes plantada. Punto.

¿Mayor? Se le hacía raro que ella le llamara Mayor, tan raro como que le cogiera de la mano y le arrastrara por la calle hasta entrar en el primer bar que encontraron. ¿Cómo resistirse? Imposible.

Ella pidió un café con leche y él la imitó.

Estaba nerviosa, despeinada, y tragaba saliva como si estuviera sedienta. La muerte de Pons la había afectado mucho.

—¡Qué fuerte! —fue lo primero que dijo ella, una vez que el camarero les sirvió los cafés y estuvo segura de que nadie les estaba escuchando.

—Tranquila. Ha sido un accidente. La policía, que me tiene informado de todos los detalles —dijo sonriendo—, me ha dicho que ha muerto de un ataque de risa.

—¿Y no te parece raro?

—Sí, me parece muy raro. Megarraro, pero esas cosas pasan.

—Sí, pasan, pero…

—Tranquila…

—Deja de decirme «tranquila», me pone más nerviosa —dijo ella lanzándole los ojos encima.

—Vale —contestó Mario tirándose hacia atrás por la inercia de aquella mirada huracanada—, pero estás exagerando. Pons ha muerto. Seguramente se atragantó y, pum, murió. Es una pasada de fuerte, pero ¿qué quieres que haga? ¿Qué quieres que hagamos? Ya está. La cosa está en manos de la policía. En cualquier caso ahora son ellos los que deben ver si es algo más que un accidente.

—Sí, bueno. Para empezar podrías decirme una cosa. Por ejemplo, qué hacías en el instituto antes de que él muriera.

Mario se quedó congelado, en pausa. Tardó en reaccionar y si lo hizo fue para que ella dejara de mirarle con esos ojos tan intensos, que bien podrían mirar al Sol fijamente y conseguir que fuera el Sol el que apartara la mirada.

—¿Cómo sabes eso? ¿Quién te lo ha dicho?

—Mario…, te vi.

—Imposible. Sólo estaban los del básquet.

—Piensa un poco.

Mario pensó hasta darse cuenta de lo que estaba intentado contarle Sofía.

—Sabes que había alguien más.

—¿Tú...?

—Sí, yo. Yo estaba en el despacho de Pons cuando murió y tú te fuiste corriendo.

33. La mayoría de los asesinatos sin resolver

Es curioso cómo una conversación se queda escondida en la mente hasta que decide activarse y tomar un protagonismo que tal vez no le corresponde, pero que consigue inundarlo todo. A Mario, justo después de oír que ella era la que estaba dentro del despacho, que ella había estado al lado de Pons mientras agonizaba de risa, se le activó una conversación que sus padres habían mantenido en varias ocasiones. Aunque, cuando empezaba, él prefería irse a su habitación porque ya le cansaba.

La cuestión era la siguiente: su madre defendía que las mujeres eran más originales y tenían mucha más imaginación para el crimen que los hombres, y que por eso las grandes escritoras de novela negra eran mujeres. Su padre, en cambio, sostenía que los grandes asesinos de la historia eran hombres, que ellos eran los grandes maestros del crimen y que, a pesar de la ristra de nombres de mujeres que eran escritoras de novela negra, los hombres no se quedaban atrás. Al final, su madre siempre esgrimía el mismo argumento:

si había alguien capaz de cometer un crimen complejo y casi perfecto, era una mujer, pero al ser de naturaleza menos violenta, ellas preferían escribir los crímenes que cometerlos. Estaba segura de que la mayoría de los asesinatos sin resolver los habían cometido mujeres.

En esa cafetería, sin poder evitarlo, Mario pensó que su madre tenía razón.

34. Métodos propios

—Eh, eh, escúchame. ¿Hola? Control de Tierra llamando a Mayor.

Mario volvió a mandar la conversación de sus padres al rincón de su cabeza del que había conseguido salir, pero se quedó mirando a Sofía a los ojos.

—No pensarás que yo… No me puedo creer que estés pensando eso. ¡Mario Mayordomo, tío, somos amigos!

—No he dicho nada —dijo levantando las manos y deshaciéndose de esas sospechas—. Estoy sorprendido. Simplemente estoy flipando de que me digas que eras tú la que estabas en la sala de profesores. Es normal, ¿no?

—Por eso he venido a verte, porque creo que nos hemos metido en un buen lío. Te lo he dicho, ¿no? Y si me dejas te lo voy a contar.

Mario asintió con la cabeza, pidió disculpas por dudar de ella y dejó que se explicara.

—Cuando nos castigaron, ¿recuerdas?... ¿Recuerdas que cuando salimos del despacho del director te dije que no me hablaras más y me enfadé contigo…?

Mario asintió con la cabeza.

—Bueno, tal vez me pasé un poco. Tampoco era culpa tuya. Tío, me habías metido en un buen lío y yo no había hecho nada y estaban a punto de suspenderme Lengua y Literatura por tu culpa. Y… bueno, no te enfades, pero tengo… Quiero decirte las cosas como fueron, no quiero esconderte nada ni engañarte. Pensé que pasarías de todo. Que no te lo tomarías en serio, como siempre haces, que no te tomas nada en serio. Pensé que no harías nada para cumplir con el castigo, así que me puse a investigar por mi cuenta.

—Gracias por confiar en mí —dijo él, que no quería enfadarse sino comportarse fríamente, cosa que no estaba consiguiendo.

—Estás muy guapo cuando te enfadas —dijo ella desarmándole y haciéndole sonreír—. Pero bueno, si vas a enfadarte, paso de contarte nada —y empezó a jugar con la cucharilla del café con leche.

—Sigue, no me enfado —dijo alargando las sílabas.

—Bueno, pues pregunté por ahí, estuve siguiendo el hilo del chiste. Lo hice utilizando otras fuentes que las tuyas. La verdad es que cuando viniste a contarme el chiste, me dio palo decirte que ya me lo habían contado.

—¿Ya lo sabías?

—Sí, ya lo sabía. No sé…, estabas tan ilusionado y con tantas ganas de… Seguro que a ti también te ha pasado, y no me mientas, que yo te estoy confesando la verdad. Seguro que muchas veces te han empezado a contar un chiste que ya sabías y te ha dado palo cortar al que lo cuenta y decir que ya lo sabías, y estoy segura de que has fingido no saberlo y hasta te has reído como haciendo ver que la risa salía así, natural —hizo un gesto expandiendo sus brazos del mismo modo que si estuviera haciendo gimnasia.

Mario calló porque ella tenía razón.

—Pues eso, seguí mis pistas y el hilo me llevó hasta Morti, del instituto Darwin…

—Ése pegó a Segur…

—Yo no lo tengo tan claro. Pero él me dijo quién le había contado el chiste a él.

—Imposible. Yo quise preguntarle, bueno, a su novia, y me pegó. Esto me lo hizo él.

—¿No había sido una puerta asesina? —dijo guiñando un ojo—. El caso es que a mí me contestó.

—¿Cómo?

—Tengo mis propios métodos, ¿sabes?

—¿Cuándo?

—Tardé un día.

—¿Un día? Imposible, si yo…

—Bueno, ¿te interesa saber quién le contó el chiste a Morti?

—Sí. Dime.

—Fue Pons. El profesor Pons le contó el chiste a Morti y le dijo que lo «introdujera» en el colegio. Fue él mismo.

35. Un resultado para Teodoro Calaf

Mario no podía creer lo que estaba oyendo. ¿El propio Pons había creado el chiste? ¿Él mismo se atacaba? ¿Él mismo se humillaba? No tenía sentido.

Mario no entendía nada. Los dos se quedaron en silencio un segundo. Ya llevaban más de una hora en el bar y el café con leche hacía mucho rato que se había terminado. Decidieron salir a pasear, respirar un poco de primavera, tomar el aire en lugar de café con leche. Ella siguió contándole sus investigaciones:

—Por eso, al final decidí ir al despacho del profesor Pons. Quería decirle que ya había resuelto el caso. Es verdad, no hace falta que me mires así, no te esperé, porque no sabía si querías meterte en esto. Yo pensaba que pasarías. Siempre pasas bastante de todo, Mario, a veces hasta pasas de mí y eso que somos amigos.

¿Cómo? ¿Sus oídos se estaban burlando de él? ¿Le estaban engañando? Hubiese creído cualquier cosa, pero que le estuviera diciendo, ella, precisamente Ella, que él pasaba de ella. No, no podía creerlo.

Pasó de decir nada.

—Cuando entré —siguió con un levísimo tono de decepción en su voz, tan leve que él ni se dio cuenta—, Pons ya había empezado a reír. Al principio muy poco, luego más y más, hasta que acabó riendo y riendo y riendo, y cada vez que me miraba y trataba de no reír, se reía más. Era incapaz de decir nada, sólo podía reír. Entonces yo también reí, se me pegó su risa y pensé que todo había sido una broma, que el chiste era parte de algún tipo de juego, algo que luego él convertiría en una lección en clase, ya sabes que es distinto…, que era distinto —rectificó—, enseñaba de manera distinta. Pero yo paré pronto de reír.

—Cuando yo me acerqué por el pasillo tampoco podía parar de reír, como él. Y el aire olía… raro. Me picaba la nariz y, no sé, me hacía reír.

—Yo no noté que el aire oliera a nada —dijo ella sin entender.

—Bueno, a lo mejor no tiene nada que ver…, cosas mías. Sigue, sigue.

—Dijo un nombre. Sólo fue capaz de decir un nombre, como si fuera importante que yo recordara el nombre.

—¿Y?

—Lo he olvidado.

—¿Qué?

—Es broma, tonto —dijo ella dándole un golpe en el brazo que Mario no se esperaba.

—Teodoro Calaf. Una y otra vez. Teodoro Calaf, pero lo decía casi sin voz, muy bajito. Tuve que acercarme mucho para escucharle. Luego se cayó de la silla y yo me fui a buscar ayuda y te vi. Llamé a Freddy sin decirle lo que había visto ni darle detalles y luego, bueno, vino una ambulancia y todo lo demás.

—¿Teodoro Calaf? ¿Calaf? ¿Estás segura de que dijo Calaf?

—Segurísima. Además, por la noche busqué en Google a ver si encontraba alguna pista, aunque no encontré nada. Nada es nada. Lo puse entre comillas y «Ningún resultado para Teodoro Calaf». Ningún resultado, ¿sabes?

—Creo que yo tengo un resultado para Teodoro Calaf.

36. Un chiste sobre nosotros

Le tocaba el turno a Mario.

Ella le había contado todo lo que sabía, todo lo que había investigado. Ahora le tocaba a él. Tenía que confesárselo todo, empezando por el nombre de la inspectora. Así lo hizo.

—...Y la inspectora se llamaba Rosario Calaf. Calaf. No sé, tal vez es coincidencia —dijo respirando hondo, entendiendo que el caso cada vez se estaba enredando más.

—¿Coincidencia? ¿De verdad lo crees? Yo no. No lo creo. Para nada. ¿A cuántas personas conoces o has conocido o conoces que otros conozcan que se llamen Calaf? Yo, a ninguna. ¿Y va y de repente todo el mundo se llama Calaf? Ni las coincidencias coinciden tanto. ¿Y dices que ella se dejó una carpeta en tu casa?

—Sí. Con unas fotos de Pons. Esas fotos que son pruebas de la policía, ya sabes.

—¿Unas fotos de Pons? —repreguntó para que

fuese Mario quien pronunciara la palabra que estaba sospechando.

—Unas fotos de Pons… muerto.

—¿Las llevas en la bolsa? —dijo casi ilusionada, con un deje morboso en la voz.

—Sí. Pero son un poco…

—Eh, eh, eh —protestó—. Tal vez no te hayas dado cuenta, pero no soy una princesa que no resiste la visión de un hombre muerto de risa. ¡Por favor, si se murió en mis narices! Fue horrible. No creo que las fotos sean tan horribles.

Mario entendió sus protestas y le enseñó las fotografías y ella las miró con atención, sin poner muecas, sin apartar la vista, al contrario, las examinó buscando pistas, fijándose en los detalles, escudriñándolas, husmeando como un auténtico sabueso para encontrar algo que estuviera fuera de lugar, algo que no encajara.

—Parece que todo está como estaba, como lo recuerdo. No noto… A ver ésta… No, no. Todo perfecto. Bueno, pues está claro, ¿no?

—¿Claro el qué?

—Claro que tenemos que ir a ver a la inspectora y, con la excusa de devolverle las fotos, preguntarle por su padre. Digo yo que será su padre, o su tío o su hermano.

—¿Estás loca? No es asunto nuestro, es demasiado peligroso. He recibido amenazas, ¿sabes? Una noche recibí una llamada de…

—De una risa frenética. Yo también la recibí —dijo Sofía sorprendiendo a Mario—. Si nos amenazan es que estamos cerca de…

—Pero un tal G. G. me mandó el vídeo de la paliza que le pegaron a Segur. No sé si me apetece meterme en esto... Y quién sabe, a lo mejor ni hay caso. A lo mejor todo es casualidad. No sé ni si hay caso.

—¡Pues claro que hay caso! No digas lo que no piensas. Sabes tan bien como yo que hay caso, mucho caso. Además, ya estamos metidos. Tú no has ido al instituto hoy, yo sí. ¿Y sabes lo que he oído? Un chiste sobre nosotros. Están haciendo bromas sobre ti y sobre mí. Hay un chiste que...

—¿Un chiste?

—Sí, y hay más —dijo pasando de largo, sin querer detenerse en el detalle del chiste—. A mi padre le están haciendo lo mismo. Pillé una conversación entre mi padre y mi madre... Y mi padre está hecho polvo porque ve que están corriendo chistes en su empresa que le dejan por los suelos y escucha cómo se ríen a sus espaldas. Le están destruyendo la imagen, tío. Y él dice que no lo entiende y yo sí, sí que lo entiendo. Todo está relacionado. Paso de que me chantajeen. He recibido un *mail* del G. G. ese. Sí, también lo he recibido recomendándome que lo dejara. Que parara de husmear donde no me había llamado nadie. Pero te digo una cosa: si han llamado a mi puerta, yo voy a ver quién es, así que si tú, una vez más, pasas de todo, bien. Ya lo hago yo sola —estaba acelerada, las palabras le salían de una boca que era una metralleta que disparaba ráfagas de frases—. Dame eso, ya voy yo.

Sofía hizo un gesto rápido para arrancarle la carpeta de las manos, pero Mario tuvo buenos reflejos y la puso lejos de su alcance.

—Está bien —dijo Mario—. Voy a ir contigo a hablar con la inspectora, pero antes quiero que me cuentes el chiste.

Ella se calló.

—Vamos, prometo reírme —insistió agitando la carpeta en sus morros.

—Está bien, te lo contaré, pero aún no.

37. Pequeños bultos y una herida

Los pasos y la conversación les habían llevado hasta el Parque de la Constitución. Se sentaron en un banco y ella notó que Mario estaba intranquilo, que miraba a derecha e izquierda buscando un peligro que no había. Sofía adivinó que allí era donde Morti le había pegado.

—¿Qué hacías aquí? ¿Habías quedado con alguien?

La pregunta sorprendió a Mario.

—¿Qué hacía aquí cuándo?

—Morti te pegó aquí, ¿no? —preguntó clavándole los ojos.

Mario no pudo aguantarle la mirada. Le estaba lanzando la pregunta para que mordiera el anzuelo. Si le decía que había quedado con Ester, sospechaba que Sofía le iba a acusar de seguir estando por ella y él no quería eso. Tenía que encontrar alguna manera suave de salir de esa situación, de esa pregunta. Tampoco quería que pensara que no quedaba con nadie. Le gustaba imaginar que se estaba poniendo celosa.

—Déjame en paz. Yo no te pregunto esas cosas.

Ella no pudo contestar. Dos compañeros de clase pasaron por delante del banco, los miraron y se rieron. Uno de ellos gritó:

—¡Eh, marciano!, descósela o no podrás hacer nada.

El comentario hizo que se partieran de risa y siguieron andando doblándose por culpa de las carcajadas.

Ni Mario ni Sofía contestaron.

Además, Mario no sabía qué diablos significaba ese comentario, aunque no le gustaba la sensación de ser el centro de las bromas de todo el colegio.

—A eso me refería —dijo ella.

—Cuéntamelo, me lo has prometido.

—Está bien.

Tomó aire, se sentó sobre su pierna derecha y se giró hacia Mario, que a pesar de todo, se distrajo pensando en lo bien que estaría rodearla con el brazo y arriesgarse a darle un beso, sin avisar, en la boca, y que fuera ella quien decidiera seguir o apartarse hacia atrás moviendo el cuello como una cobra en mitad de un combate a muerte.

—Ahí va.

Un poco más de aire y empezó a contar el chiste del que eran protagonistas.

—Se ve que tú eres un marciano, un extraterrestre que viene de otro planeta con una nave y todo eso, y que siempre has estado enamorado de mí —dijo bajando la mirada y colocándose el pelo detrás de la oreja, con una vergüenza muy impropia de su carácter—. Un día me secuestras y me llevas a tu nave porque quieres hacerme cosas, cosas buenas para mí, pero no te atreviste a pedirme permiso porque temías ser rechazado. Así que me… abduces y estás haciéndome… cosas toda la noche. Al final terminas, satisfecho. Yo me despierto en una cama fría de metal y con unos focos que me apuntan directos a la cara y hacen que sólo pueda ver tu silueta. Apagas los focos y entonces te veo, sonriendo complacido y fumando algo parecido a un cigarro de otro planeta que no huele mal, sino que huele... Bueno, no sé, este detalle no es importante. El caso es que me dices que me quieres mucho y que me has hecho un favor muy grande, muy grande, muy grande. Yo te pregunto cuál es ese favor y tú me dices que me has quitado esos dos pequeños bultos del pecho y que me has cosido la herida que tenía entre las piernas y que ahora ya estoy perfectamente sana. Así que yo soy plana, no tengo… de eso, y tú eres un marciano inocente y algo anormal que no tiene ni idea de cómo hacerlo con una hembra humana. Ése es el chiste. ¿Qué gracia, no?

38. *Dejar de comportarse como un marciano*

Si él no hubiera sido el protagonista del chiste, hasta le hubiera hecho reír. No era tan bueno como el que, según las investigaciones de Sofía, se había inventado Pons, pero entendía que a sus compañeros podía hacerles reír. Sin embargo, a Mario no le hizo ninguna gracia.

¿De dónde habían sacado eso de que no sabía nada de mujeres? ¿Tan anormal parecía? ¿Ésa era su fama y ahora se había convertido en chiste, o era el chiste el que le iba a dar la fama de inútil sexual? Fuera como fuera, sentía rabia, enfado e impotencia.

—Bueno, no te pongas así. A mí me dicen que soy plana. Bueno, sé que no tengo mucho, pero… —dijo mirándose el pecho.

—Da igual, vamos a hablar con la inspectora. Me dio la tarjeta, la tengo por aquí, mira. Me dijo que la llamara si me acordaba de algo, así que tenemos vía libre. No está muy lejos. A ver si ella nos da alguna pista que aclare todo esto.

—Me alegro de que ahora estemos… en sintonía.

Durante el camino apenas intercambiaron unas pocas frases. Mario no quería hablar. Estaba furioso. No recordaba la última vez que había estado tan enfadado, que se había sentido tan humillado. No había comparación. Se sentía mucho peor que cuando Morti le dejó tumbado en el suelo con un par de golpes. Cada vez que recordaba el chiste, cada vez que se imaginaba a la gente contándolo, diciendo su nombre y riéndose a su costa, el corazón se le aceleraba y tenía ganas de pegar a alguien. Era una violencia nueva que nacía de no saber cómo defenderse de eso. Además, el chiste incluso le hizo dudar de ella. ¿Pensaría lo mismo? A lo mejor ella también pensaba que era un inútil y que no sabía nada de mujeres. A lo mejor por eso le había dicho como un medio reproche que incluso a veces pasaba de ella. A lo mejor ella no quería nada con él porque pensaba que él no sabría hacer nada con una mujer como ella.

A lo mejor, a lo mejor… ¡A lo peor!

Cada «a lo mejor» era como una patada en la boca.

«¡Mierda!», gritó para adentro, mordiéndose el labio, enfurecido y paseando cada vez más a prisa. Sofía hacía un esfuerzo para seguir su ritmo, pero prefería no decirle nada. Era consciente de que Mario se estaba revolcando en el chiste, dejando que le manchara por todas partes, que le afectara. Sí, de acuerdo, a ella tampoco la dejaba en muy buen lugar, pero le importaba poco. A fin de cuentas el chiste era una pista más. Y ella estaba decidida a llegar hasta el final.

—Supongo que aquí es —salió Mario de su silencio comprobando la dirección que había en la tarjeta.

—Sí, no creo que haya muchas más comisarías en el barrio de Las Moreras —puntualizó ella, queriendo buscar sus palabras, queriéndolo sacar suavemente de su estado—. Eh, Mario, antes de entrar..., deja de hacerte la víctima. Vamos a investigar, ¿vale? Olvida el chiste.

—No pienso en el chiste. Ya ves. Me da igual lo que digan de mí —mintió intentando que no se le notara en la voz.

—Me parece un poco fuerte que sólo te preocupes por ti. Te he dicho que tal vez tus padres también estén recibiendo estos ataques, como mi padre, ¿sabes? Están destruyendo su imagen en el trabajo y eso puede acabar en despido. Siempre es más fácil echar a la calle a alguien al que nadie tiene respeto. Eso es más fuerte que si dicen de ti esas cosas. Yo sé que no son verdad y tus amigos también.

Sofía tenía razón. Estaba comportándose como... ¿un marciano? Tenía que olvidarlo, tenía que dejar de comportarse como un marciano y preocuparse de seguir el hilo de la investigación, concentrarse en ese extraño caso. Además, le gustó que ella no se incluyera entre «sus amigos». Había dicho «yo» y luego «tus amigos» como si no formara parte del grupo de amigos, como diciendo que ella era algo..., ¿algo más? Tal vez fueran imaginaciones suyas, pero le gustó.

—Olvidado.

—¿Seguro?

—Sí, vamos a preguntar por la inspectora Calaf.

Cuando finalmente decidieron cruzar la puerta, no pudieron. Se encontraron con la figura rechoncha y acelerada de...

39. Abandonar el caso

—Buenos días, si es que esto son buenos días —dijo el señor Ricardo Santos, más sorprendido de tropezarse con Sofía y Mario que los propios Mario y Sofía.

—Hola —dijo ella.

—¿Qué hacéis por aquí? Mario, ¿estás bien? No has venido al colegio. Supongo que ya sabes que…

—Sí. Lo sé.

—¿Qué te ha pasado en el labio? Déjalo. Mejor no me lo expliques, no sé si quiero saberlo. ¿Qué hacéis aquí? ¡Ah!, supongo que habéis venido a hablar con la inspectora. No hace falta. Hemos decidido no traumatizar a los alumnos con preguntas innecesarias. Todo esto ya es suficientemente traumático —dijo sacándose las gafas y limpiando los cristales con la punta de la corbata—. Bueno, mañana sábado tendrá lugar un funeral en la escuela. No es obligatorio, pero… ¡Qué tragedia! Claro que estas cosas suceden. Uno se atraganta y ya está. En fin. Vamos, os acompaño a casa. He traído el coche.

—Es que hemos venido a… —Sofía quiso retomar el control de la situación.

—No, no habéis venido a nada —replicó el director con autoridad y mirando fijamente a Sofía—. Os acabo de decir que la policía ya no va a hablar más con los alumnos. Ha sido una tragedia y ya está. Por supuesto —retomó su tono amable—, el castigo que os puso el profesor Pons queda anulado. En realidad tengo que pediros que lo olvidéis, incluso, como director y responsable del centro, me veo obligado a prohibiros explícitamente que sigáis con la tontería que Pons os ordenó. Espero que lo comprendáis. No me gustaría que remover el chiste se convirtiera en algo… morboso y desagradable. Me entendéis, ¿verdad?

Sofía iba a empezar a protestar, pero Mario se adelantó:

—Sí, señor Ricardo, está muy…

Interrumpió la frase y se sacó el móvil del bolsillo.

—Huy, perdone, son mis padres —y se puso a decir en voz alta—: Sí, papá, ahora vamos. Bueno, si estás cerca de la comisaría de Las Moreras ven a buscarnos. Te esperamos. Un beso. Adiós, adiós.

Mario volvió a guardarse el teléfono en el bolsillo y añadió:

—No hará falta que nos acompañe, mi padre vendrá a buscarnos… Es que hemos quedado para comer con ellos.

—Ah…, perfecto. Bueno, pues...

—Nos vemos mañana, adiós, señor director —Mario remató la conversación para que el señor Santos no tuviera tiempo de pensar ni de reaccionar.

Lo consiguieron. El director tuvo que marcharse solo, no sin girarse cuatro veces antes de desaparecer por la esquina, vigilando que los dos alumnos no entraran en la comisaría.

40. Si supiera mentirte así

Dieron una vuelta a la manzana para dar tiempo al director a que desapareciera de la escena.

Mario dio esa vuelta como el atleta que celebra su extraordinaria actuación. Había sido más rápido, más ágil y más inteligente que su contrincante. Había improvisado una estrategia, la había realizado sin vacilar y le había salido bien. Sí, se había quitado al director de encima como un auténtico profesional y, además, Sofía lo sabía.

—¡Bravo, Mayor! Si mientes así de bien, creo que nunca vamos a poder ser novios.

Ella sabía que con eso era suficiente para bajarle los humos, para que tampoco se lo creyera demasiado; sin embargo, él estaba en racha y en su cabeza se iluminó una frase que no podía dejar de decir:

—Si supiera mentirte así, ya seríamos novios.

Cuando el último sonido de la última palabra hubo salido de su boca, pensó que se había pasado, que era impropio de él decirle a Ella una cosa así y que tal vez se enfadaría. Se equivocó.

Ella bajó la cabeza, noqueada, roja como un tomate vergonzoso, incapaz de responder.

«Guau», se dijo Mario sin saber qué pensar, y sintiéndose atractivo, especial, maravilloso. La sensación le duró lo que a Sofía el rubor, o sea, más o menos lo que tardó en decir con voz forzada que ya era hora de entrar en la comisaría.

Los atendió una recepcionista que les preguntó el motivo de la visita. Ellos, casi a la vez, dijeron que estaban allí para ver a la inspectora Rosario Calaf. La recepcionista arrugó la nariz y les preguntó si venían del instituto en el que había muerto un profesor.

—En ese caso —dijo mirando la pantalla del ordenador—, creo que no podéis ver a la inspectora, porque no va a haber más interrogatorios a menores por el momento. Eso es lo que tengo anotado aquí —y les mostró la pantalla dejando sus huellas encima.

—No, no venimos a ser interrogados, es que se dejó una carpeta y venimos a devolvérsela —dijo Sofía.

La recepcionista volvió a arrugar la nariz y entonces sí, llamó por teléfono y en cinco minutos la inspectora Calaf apareció en el vestíbulo.

—No es buena idea que nos vean hablar aquí, me han prohibido, por el momento —dijo Rosario remarcando el «por el momento»—, tener contacto con los alumnos del instituto. Vuestro director se ha puesto hecho una fiera y ha hablado con mi jefe, así que no podemos hablar aquí. Vamos fuera. Nadie me ha dicho que no pasee con los alumnos —y ella sonrió con esa sonrisa que alargaba la cicatriz, aunque era posible que fuera al revés, que fuera la cicatriz la que alargaba la sonrisa—. Además, tú debes de ser Sofía y me gustaría que me contaras qué hacías dentro del despacho de Pons cuando murió.

Sofía se quedó helada. ¿Cómo lo sabía? ¿Cómo la habían descubierto?

—Yo no…, es que…

41. ¿Quién es Teodoro Calaf?

Durante un buen rato la inspectora Calaf estuvo hablando de cosas sin importancia, como si se hubiera olvidado de la pregunta que le acababa de hacer a Sofía, como si hubiera perdido interés. Se limitó a decir que si el director era así, que si la policía tenía que ir con mucho cuidado en casos en los que estaban involucrados menores de edad, que si aquí, que si allá.

A Mario no le importaban los problemas de la policía y sólo esperaba que fuera ella quien decidiera cuándo estaban lo suficientemente lejos de la comisaría como para empezar a hablar en serio. Mientras, se fijó en que los ojos de Sofía parecían sugerir que iba a embestir. Su ceño fruncido acompañado por unos labios convertidos en morros no dejaba lugar a dudas: iba a embestir. Se había enfadado. Se había sentido atacada. Había decidido que no le caía bien Calaf. Tal vez por eso preguntó a quemarropa, justo en el instante en el que la inspectora parecía menos preparada:

—¿Quién es Teodoro Calaf?

Rosario detuvo su parsimonioso caminar en seco y clavó la mirada en Sofía, provocando que dejara de fruncir el ceño y que sus morros volvieran al estado natural de labios, mientras se le dibujaba una sonrisa entre maliciosa y arrepentida.

—Vaya, niña —dijo Rosario—, prefieres ser directa. Funcionarías bien en la policía. ¿Quién te ha dicho que existe Teodoro Calaf?

—Bueno, hemos venido a traerte la carpeta con las fotos... Es que te la dejaste en mi casa.

Mario pensó que sería buena idea interrumpir ese duelo de miradas y risitas y alargó la carpeta roja. Rosario se limitó a arrancársela de las manos como quien atrapa al vuelo uno de esos folletos publicitarios que reparten en las esquinas.

—Gracias, Mario. Pero dime, Sofía, ¿no? Te llamas Sofía, ¿verdad? Dime, ¿quién te ha dicho ese nombre?

—Pons —contestó recuperándose de la impresión que le había causado la agresividad en la mirada de la inspectora y tratando de ponerse a su altura.

—¿Y por qué Pons tendría que decirte ese nombre?

—No lo sé, Rosario, te llamabas así, ¿no? ¿Rosario Calaf? Nos ha parecido demasiado coincidencia. Por eso hemos venido a verte. Lo de la carpeta era una excusa.

—Muy hábiles. Sí, señor. A ver... Creo que os estáis metiendo en algo que os queda un poquito grande. Es mejor que hagáis caso a vuestro director. Mi jefe tiene razón. No está bien que los alumnos se metan en esto.

—¿Meterse en qué? El profesor ha muerto de un ataque de risa. Yo estaba allí. Eso es todo, ¿no?

En esos momentos, Mario, mudo y a la expectativa, dudaba si Sofía estaba atacando o siendo sincera.

—Puede que sí. De todas formas no te preocupes, de eso nos encargaremos nosotros.

—Ya veo que no nos vas a contestar. Vámonos, Mario, tu amiga no nos va a contestar.

Sofía dijo esto como si «amiga» fuera un nuevo modo de insultar a alguien y le agarró del brazo como si ese brazo fuera de su propiedad, cosa que a Mario no le disgustó del todo.

—Espera. No sé por qué estás tan a la defensiva, Sofía —Rosario pareció retirarse del combate con la promesa de que no había razón para llevarse mal—. Yo te digo quién es Teodoro Calaf si tú me dices qué hacías en el despacho de Pons y me prometes, me prometéis los dos, no meteros en la investigación. Si lo hacéis, a mí se me puede caer el pelo. No es broma.

Sofía soltó el brazo de Mario, aceptó el trato y le contó cómo había acabado en el despacho de Pons:

—Nos castigaron porque Mario me contó un chiste de Pons. En realidad, nos castigó Pons y nos hizo…

—Encontrar la fuente del chiste.

—Sí, ¿cómo lo sabes? —preguntó Mario no sólo con la intención de conocer la respuesta, sino también con la esperanza de que ellas le metieran de una vez por todas en la conversación.

—Soy policía.

—Yo no, pero descubrí que la fuente era el propio Pons. Así que fui a explicarle que ya había resuelto el caso. Yo pensaba que el castigo sería parte de alguna lección que quería dar en clase y que…, no sé. Sí, me extrañó mucho, pero pensé que todo formaba parte de algo que Pons quería usar en clase. Nada más. Al entrar ya estaba riendo y no paró hasta caer de la silla. Fue entonces cuando dijo el nombre de Teodoro Calaf. No paró de repetirlo hasta que dejó de respirar. Yo me asusté y salí para pedir ayuda. Eso es todo. No hay más. Por eso creemos que Teodoro Calaf es tan importante.

Sofía calló y Mario pensó que no había escuchado tantos «yo, yo y yo» desde hacía tiempo. Estaba claro que quería remarcar… algo. Tampoco tenía muy claro el qué.

La inspectora Rosario Calaf se quedó pensativa, mirando al suelo y acariciándose la nuca hasta que tuvo que salir de su ensimismamiento porque Mario le preguntó suavemente:

—¿Y quién es Teodoro Calaf? La clave de todo está en él, parece.

—Teodoro Calaf es mi padre, y está muerto.

42. Cuando los ladrones ven cartas en el buzón

Rosario volvió a la comisaría y Sofía y Mario volvieron sobre sus pasos, sin tener muy claro qué debían hacer ahora o adónde debían ir. Que Teodoro Calaf fuera el padre de Rosario Calaf entraba en sus planes; en realidad les hubiera desilusionado que no hubieran tenido ningún parentesco. Sin embargo, que su única y última pista estuviera muerta desde hacía más de quince años les había dejado sin caso.

—Quizá es mejor dejar las cosas como están y que Rosario haga su trabajo —dijo Mario desengañado.

—¿Rosario? Ah, la inspectora Calaf. Sí, seguro. Te viene un poco grande, ¿no?

—¡Qué dices, imbécil! —saltó Mario, que no le gustaba lo que estaba insinuando Sofía.

—No sé…, es que estás todo el rato dándole la razón.

—Yo no le doy nada.

—Eso querrías tú, que te diera algo.

—Paso. Me voy a casa. Adiós.

Si había algo que a Mario le ponía muy, muy pero

que muy nervioso, era que le atacaran sin que él se lo mereciera. Notar la agresividad de Sofía enfocada hacia él sin que él hubiera hecho nada le sacaba de su normal estado de tranquilidad.

—Vale, está bien, perdona. Me he pasado. Es que ésa me ha puesto de mal humor. *Stop.* Perdón. Fin.

—Te has pasado, tía.

—Es verdad. Lo siento. Hasta yo me he caído mal. Ya está. Lo he pagado contigo y… tampoco me ha caído tan mal, me he puesto nerviosa… Pero es que, me ha tratado como a una niña…

—No es verdad. Te ha tratado normal.

—Puede que sí. Ya está, no quiero hablar más del tema. Te he pedido perdón.

Mario entendió que esa conversación ya se estaba alargando demasiado. Empezaba a aburrirle. Le había pedido perdón y él aceptaba las disculpas.

—¿Quieres venir a mi casa? No hay nadie. Podemos comer algo y…

—Perfecto.

La rápida respuesta de Sofía no le dio ni tiempo a ponerse nervioso. Ella no había estado nunca en su casa. A pesar de que eran amigos, él nunca la había invitado.

Durante el camino de vuelta, sin embargo, no tuvo demasiado tiempo para darle vueltas a este asunto. Sofía quería encontrar una solución, una nueva pista, un nuevo hilo del que tirar.

—Está claro que a la inspectora no le dejan que hable con nosotros. Me lo creo. Ella no va a dejar que nos metamos en esto. Pero algo no cuadra. ¿De qué conocía Pons a Teodoro Calaf? ¡Cuando uno se está muriendo, aunque sea de risa, no escoge un nombre al azar y decide repetirlo una y otra vez a la oreja de una alumna! Mario, tú no lo viste, pero cuando se dio cuenta de que yo había entendido el nombre, que me había quedado con el nombre de Teodoro Calaf..., pareció aliviado. Era como si hubiese cumplido una misión. Y no te digo que yo piense que Calaf lo matara, no lo pensé ni antes de que estuviera muerto. Yo entendí que era una pista. Y ahora que nuestra pista está muerta, no sé...

—¿Estás segura de que Pons fue el autor del chiste? —preguntó Mario, tratando de hacer como ella y buscar algo con lo que seguir..., seguir evitando pensar en Ella en su casa, solos, los dos.

—Sí y no. A ver, estoy convencida de que él fue el creador del chiste. Lo que no sé es por qué. Faltan piezas. Se nos escapa algo.

—¿No te da miedo? —dijo Mario con una flojera en la mirada que le daba un aire de sinceridad, de desnudez.

—Sí. Un poco sí. Y a veces, mucho. Pero también me excita. La policía ahora está metida de por medio. No me creo las amenazas, ni creo que alguien decida matarnos. Prefiero creer que sólo nos quieren asustar. Aunque también te digo que sí creo que alguien ha decidido meternos en esto y que, incluso si nos quedamos parados, ellos o él o ella no van a parar. Estamos juntos en esto —y acabó la frase tomándole la mano y apretándosela suavemente, casi besándole con la mano—. Y estoy contenta de estar metida en esto contigo.

Mario no sabía cómo contestar a eso. Quiso encontrar algún comentario gracioso que consiguiera aligerar la tensión. No lo encontró y notó que mientras él se quedaba inmóvil, otro yo salía disparado de su cuerpo para abalanzarse sobre ella y darle un beso.

—Tía, no te pongas tan cariñosa o no te dejo subir a casa —dijo terminando con una de las carcajadas más falsas que jamás habían salido de su boca.

—¡Qué gilipollas! —replicó ella con una sonrisa.

Y los dos siguieron dando vueltas al caso de la muerte del profesor Pons sin llegar a ninguna conclusión. Adonde sí llegaron fue al portal de la casa de Mario.

—Bueno, hemos llegado.

Mario sacó las llaves y abrió la puerta rezando para que ningún vecino le viera entrar. No quería dar explicaciones a sus padres.

Respiró aliviado al comprobar que el rellano estaba despejado y se fue hacia el ascensor, pero antes se paró en el buzón.

—¿Recibes muchas cartas de los bancos? —preguntó ella para reírse de él—. Creo que en mi vida he abierto el buzón de mis padres.

—Es que mis padres no están y luego me dicen que cuando los ladrones ven cartas en el buzón entran en las casas.

—¿Eso te dicen tus padres?

—Sí, es verdad. ¿Tú a qué casa entrarías a robar, a una que tiene el buzón limpio, sin cartas ni propaganda, o a una que tiene el buzón lleno?

—No sé, creo que yo no…

Pero Sofía no terminó su frase. Se quedó mirando,

con el corazón bailando, porque parecía que Mario contemplaba una carta extrañado y la abría. ¿Sería…?

—¿Una carta para ti?

—Sí —contestó automáticamente.

—¿Una admiradora?

—No, un muerto.

—¿Un muerto?

—Sí, Teodoro Calaf nos invita al teatro.

43. *La entrada de los artistas*

No había tiempo para subir y relajarse un poco, ni la expectativa de uno de esos silencios incómodos, sentados en el sofá mientras la cabeza decidía si lanzarse sin red o esperar a que la situación se enredara por sí sola. No había tiempo para nada. A Mario, los planes de estar a solas con Sofía se le vinieron abajo.

Según la invitación, el espectáculo empezaría en menos de una hora. Ella no vaciló. Tenían que aceptar la invitación, aunque él creyera que tal vez debieran pensarlo un poco mejor.

—¿Cómo que debemos pensarlo mejor? Recibes una invitación, para dos personas —subrayó Sofía vocalizando mucho al pronunciar las palabras, dando por supuesto que ella también estaba invitada—, ¿y dices que debemos pensarlo mejor? ¡No me lo puedo creer! Antes de que abrieses este buzón no teníamos una pista que seguir. Y ahora, el padre muerto de la inspectora nos invita al teatro. No sé tú, pero yo ya quiero llegar al fondo de todo esto.

—¿Qué querrá de nosotros? ¿Por qué no le dice a su hija que vaya al teatro? A nosotros no nos conoce.

Y digo yo que a su hija sí. Bueno, eso si no es una trampa, claro.

—Claro… Justo eso es lo que debemos averiguar, por eso debemos ir —dijo ella arrastrándole del brazo y poniendo una voz burlona que convenció a Mario de que no había manera de persuadirla de lo contrario.

Los dos habían pasado por delante del Teatro Moderno en cientos de ocasiones, pero nunca se habían fijado en ese edificio ruinoso, destartalado y a la espera de ser derruido definitivamente. Hacía ya mucho tiempo que el «Moderno» se había quedado anticuado y que había tenido que cerrar sus puertas definitivamente.

Ni Sofía ni Mario podían creer que ahí se hubieran representado obras que habían conseguido poner al público en pie, o arrancado lágrimas a los espectadores más exigentes, o conseguido que las personas más tristes recordaran qué significaba reír de verdad, sin pensar en otra cosa que en seguir riendo. No, nunca se les había ocurrido. Para ambos, el Moderno era un edificio viejo que formaba parte del paisaje urbano de una forma pasiva, inactiva, contemplativa, como un abuelo sentado tranquilamente en un banco viendo a los niños jugar con sus bicicletas nuevas.

—Es aquí, pero no veo yo que podamos entrar —dijo Mario inspeccionando la entrada, tapiada por enormes tablones de madera, y rascándose el cuello mientras su mirada escalaba hasta un cartel con la mitad de las letras en el que se podía leer: «T__T_O M_DER_O».

—Bueno, ésta es la entrada principal, la del público. Seguro que hay otra para los artistas, ¿no?

—No sé…, supongo que…

—Por detrás. Los artistas entran por lugares más discretos. Algún callejón o algo así. Ven, acompáñame.

Si Mario nunca se había fijado en la fachada principal del teatro, aún más desapercibida le había pasado la entrada de los artistas. Casi se sorprendió, como si la hubieran acabado de colocar, al ver una puerta pequeña, empotrada en la pared y con una gruesa cadena que terminaba en un candado que hubiera bastado para encerrar los demonios más malignos de las historias más oscuras.

—También está cerrada.

—No me seas triste. Los candados engañan.

Sofía miró a derecha e izquierda. Despejado. Por ese callejón apenas había movimiento.

—Si viene alguien, avísame. No quiero que nos vea nadie, será mejor así.

Mucho no vigiló.

Mario estuvo más pendiente de ver cómo Sofía se acercaba disimuladamente a la puerta, manipulaba el candado y se giraba con cara de triunfo para abrir la boca y gritar sin voz que estaba abierto, hacerle un gesto con la mano para que la acompañara y acto seguido desaparecer, tragada por la puerta de los artistas.

44. En medio del escenario

Mario notaba su mano en su mano y sentía que Ella podía tocarle las venas sólo con proponérselo. Cada vez se agarraban más y más fuerte con la estúpida esperanza de que así podrían encender alguna luz que iluminara aquel pasillo que terminaba en una claridad que danzaba en la oscuridad.

—¿Tienes miedo? —le susurró ella.

—Me gustaría ver algo, pero no tengo miedo —mintió entre susurros.

—Allí hay una luz pequeña. Hay alguien dentro.

Mario no contestó, concentrándose en no perder los nervios. No quería salir corriendo de allí, básicamente por ella. Porque ganas de poner sus piernas a trabajar, tenía muchas.

—Es como cuando éramos pequeños…, como el tren de la bruja pero a pie —dijo Sofía, que iba delante, aparentemente sin miedo.

—Ya, pero…

—¡Bienvenidos a la función!

Ni Sofía ni Mario pudieron evitar gritar, dar un salto y aferrarse aún más a la mano del otro. Aquella voz, vidriosa, fuerte, gastada y teatral había roto el silencio en mil pedazos.

—Ja, ja, ja... ¡Os he asustado! No tengáis miedo, aquí estáis a salvo. Yo soy de los buenos... Ja, ja, ja... No os esperaba tan pronto. Venid más hacia mí, avanzad un poco.

Obedecieron, hipnotizados por la luz que ahora ya podían identificar con una vela, pequeña pero ruidosa entre tanta oscuridad.

—Aquí está bien. Ahora...

De repente sonó un generador y se encendieron las luces del teatro para descubrir la platea, grande, espaciosa y con unas butacas viejas, en fila, esperando a que volvieran las representaciones, a que el público regresara al teatro.

—Ahora, éste es mi teatro, mi casa. ¿Os gusta?

No contestaron. Se quedaron mirando a un hombre delgado, espigado, con el pelo espeso y blanco y unos ojos divertidos, alegres, brillantes. Iba vestido con una camisa negra y en una mano llevaba la vela y en la otra un sombrero, también negro, que se puso casi a la vez que sopló la vela e hizo una reverencia:

—Teodoro Calaf, a su servicio. Usted, señorita, debe de ser Sofía, y usted, señorito, debe de ser Mario. Muy bien, muy bien... Pasen, pasen y vean mi teatro. No, no pongáis esa cara, No miento, es mío. Lo he comprado. Bueno, bueno... Ja, ja, ja, qué caras. Estáis asustados.

—No, señor, no estamos asustados —replicó Sofía, que quería aparentar serenidad.

—Qué raro. Yo lo estaría. Tú Mario, ¿estás asustado?

—Casi —respondió provocando una sonora carcajada en Teodoro.

—Muy bien, muy bien. Subid al escenario conmigo. Sois los protagonistas de la función, ¿no? Sí, tenéis que serlo porque habéis entrado por la entrada de los artistas y por allí entran los protagonistas, sólo los protagonistas. Tal vez protagonistas involuntarios, pero protagonistas al fin y al cabo. Y escuchad..., una obra no se puede dejar a medias. Nunca. ¿No os parece bonito esto? Un teatro vacío, al acecho, esperando a que le saquen los aplausos, dispuesto a entregarse al primero que consiga llenarlo, ponerlo en pie, conquistarlo con talento.

Teodoro siguió hablando mientras guiaba a Mario y a Sofía por el pasillo lateral. Gesticulaba creando arcos invisibles con sus brazos, lanzando piedras inexistentes al aire con sus manos huesudas y parlanchinas, deteniéndose de golpe para fijar la vista en un horizonte inventado y seguir de repente con zancadas que a uno sólo se le ocurre dar en días de lluvia y charcos. Al final, cuando llegaron a las escaleras que subían hasta el escenario, se detuvo para hacer una reverencia y decir:

—Los invitados primero... Háganme el honor.

Por los crujidos de la madera parecía que las escaleras hubieran olvidado qué era soportar el peso de dos personas subiendo despacio, solemnes.

Una vez en el escenario los dos se dieron cuenta de lo distinto que era todo desde allí arriba.

Mario dio una vuelta completa, fijándose en la profundidad del escenario desnudo, en la frondosidad de las tramoyas y en la desolación de un patio de butacas desértico visto desde arriba. El polvo caminaba por los canales de luz que marcaban los focos y revoloteaba al compás de un frenético ritmo inaudible. Teodoro desapareció por uno de los laterales para volver a aparecer por el contrario, con tres sillas plegables que dispuso en mitad del escenario.

—Bueno, bueno, amigos míos. Sentaos. ¿No os gusta? ¿Qué mejor lugar para hablar de todo lo que está sucediendo que en mitad de este teatro, en mitad de este escenario…?

—¿Quién es usted? —preguntó Sofía, que pretendía sacarse el asombro de encima y parecer resuelta y arrojada.

—Creo que ya nos hemos presentado antes, pero si quieres vuelvo a hacerlo… Ja, ja, ja.

Teodoro sonreía todo el tiempo y en seguida que encontraba la más mínima excusa lanzaba un trío de carcajadas sinceras y espontáneas.

—Hemos hablado con su hija y nos dijo que estaba usted muerto —golpeó ella sin piedad, sin querer esperar a que la conversación se desarrollara de otra manera.

Aunque el silencio reinó durante algunos segundos, a Teodoro no se le borró la sonrisa de la cara.

—A pesar de lo que pueda pensar la gente, «muerto» es un término muy relativo. Cuando un ser querido te olvida, sin duda estás muerto. Así que de algún modo ella tiene razón y estoy muerto. Pero… —hizo una pausa, se sacó el sombrero, que a la luz del escenario se reveló mucho más viejo y gastado de lo que en un principio parecía, y continuó aligerando la sonrisa—: Lo que queda de la RISA se está armando de nuevo, ¿sabéis?

—¿Lo que queda de la risa? —casi cantaron los dos a la vez, sin entender a qué se estaba refiriendo.

—¿Sabéis que cada vez que reímos movemos más de cuatrocientos músculos?

Asintieron sin estar muy seguros de si lo habían escuchado por la tele o alguna vez lo habían leído en Internet.

—¿Sabéis también que la risa es un anestésico natural que fabrica nuestro propio cuerpo contra el dolor? ¿Que mejora la circulación y que es una de las dos actividades que puede hacer el ser humano que hace que los dos hemisferios del cerebro trabajen a la vez? A la vez. ¡Pum! El derecho y el izquierdo, ¡listos! —dibujó un gran círculo con los brazos.

—¿Y cuál es la otra actividad? —replicó Sofía con un tono resabiado que le salió sin querer y del que se arrepintió casi en el mismo instante en el que se escuchó.

—¿Cuál es la otra? Bueno..., ya lo averiguarás. Ahora este tema no viene al caso, amigos. La risa…, ja, ja, ja…, es tan divertida. Es tan grande, es tan total. ¿Sabéis que la risa es un anestésico natural?

Mario y Sofía se miraron extrañados y asintieron con la cabeza, seguros, ahora sí, de que eso ya lo habían escuchado.

—Sí, existe la risoterapia. ¿Habéis oído hablar de la risoterapia? Es magnífica. Extraordinaria. La gente se cura, igual que un milagro. Recuerdan lo que es reír de verdad. Reír sin miedo. Nos han dicho tantas veces que después de reír se ha de llorar que nos lo hemos creído. Miraos a vosotros. No habéis reído ni una sola vez desde que habéis entrado aquí. Ni una sola vez, ¿cómo es…? —no pudo terminar la frase, empezó a reír sin parar, dándose palmadas en el muslo, contorsionando todo su cuerpo para tomar aire y volverlo a soltar.

Sofía miró a Mario abriendo mucho los ojos, queriendo decirle sin palabras que aquel tipo no estaba muy bien. Este gesto, combinado con las risotadas de Teodoro provocaron que a Mario se le escapara una risita, suave y tímida, pero que al ser escuchada por Teodoro provocó que dijera:

—Así, Mario, ríe, ríe, no temas reír. Ríe, vamos.

Y a Mario le hizo bastante gracia aquella situación tan absurda y empezó a reír, cosa que provocó que Sofía también empezara a reír y los tres estuvieran un buen rato riendo hasta que se escuchó un murmullo que venía del patio de butacas.

—Huy, creo que me vienen a buscar. Está bien, ya les he molestado bastante. Tienen derecho a cogerme.

—¿Quiénes?

—Eso no importa. Pons y yo habíamos descubierto que la RISA, no la auténtica, no… Éstos son unos impostores, unos gañanes, pero quieren que vuelva. ¡Ha vuelto! Ha caído en malas manos. Creo que Pons había conseguido quitarle la máscara, por eso lo mataron. Trató de avisarme, pero no lo consiguió.

—Él murió de… —intentó interferir Mario, mientras los murmullos se acercaban.

—Lo mataron, Mario. A él lo mataron. Y ahora quieren eliminar el rastro. Estáis en peligro, muchachos. Me temo que no os toman muy en serio. ¿Qué gracia, no? No os toman en serio. Os toman a broma, por eso aún seguís vivos. Si no… —con el pulgar hizo el gesto de cortarse el cuello—. Decidle a Rosario que la quiero.

—¡Allí está! ¡Teodoro! No intentes escapar. Ven con nosotros.

—¿Quiénes son? —preguntó Sofía levantándose de la silla, viendo cómo cuatro personas vestidas con trajes negros se acercaban al escenario.

—Son del psiquiátrico —dijo Teodoro tranquilamente, esperando a que le apresaran y se lo llevaran—. Mi hija sabe más de lo que quiere reconocer. Mucho más. Preguntadle a ella. Y si tenéis ganas de reír, hacedme una visita.

Dijo eso y se calló.

45. No hay caso

Fuera del teatro había un coche de la policía con dos agentes y una ambulancia. No había duda, esperaban a Teodoro, pero no pensaron que también encontrarían a Mario y a Sofía. Eso los pilló por sorpresa.

Cuando los agentes los vieron los detuvieron, los subieron al coche y se los llevaron a comisaría. Mario intentó escapar diciendo que eran amigos de la inspectora Calaf, pero a los dos agentes no les hizo demasiada gracia.

—¿Calaf? Puf… —dijo con desprecio el que estaba al volante—. Muy bien, pues que ella se ocupe de vosotros y llame a vuestros padres.

Éstas fueron las únicas palabras que dijeron los policías. Luego vino un viaje en coche patrulla con sirena incluida. Sofía hizo que su mano reptara por el asiento del coche hasta topar con la de Mario. Se miraron y ambos se dedicaron una sonrisa. Tenían muchas cosas de las que hablar, pero no querían hacerlo con los dos policías delante. Así que decidieron callar y disfrutar del ruidoso paseo que les llevó hasta la comisaría donde la inspectora Calaf los recibió nerviosa, tocándose el pelo y apretando los labios y los ojos. Se la notaba enfadada. Es decir, estaba muy enfadada y a Mario le sabía mal verla disgustada, aunque no sabía muy bien por qué le sabía mal; ellos no habían hecho nada malo. Sólo habían ido a ver a su padre. Nada más.

—¿Vosotros…, vosotros no entendéis qué significa «dejad de jugar a detectives»? ¿Qué os creéis? Ah, claro, sois mayores. ¡Miradlos! ¡Miradlos todos qué mayores que son! Un hombre y una mujer, capaces no sólo de estudiar en el instituto, sino también de hacer el trabajo de la policía. Bueno, si sois tan mayores y adultos, tal vez será mejor que paséis toda la noche entre rejas. Así tendréis tiempo para pensar lo mayores que sois los dos. ¿Sí? ¿Os parece bien? ¡¿Queréis que me despidan?! ¡¿Qué demonios os pasa?! ¡Dejadme en paz! Dejad en paz todo lo que... No hay caso. Punto y final. ¿Lo habéis entendido?

Cuando parecía que la bronca se estaba acabando, Rosario volvía a empezar. Estuvo un buen rato dejándoles en ridículo en mitad de la comisaría. Los policías pasaban por delante y miraban la escena que estaba montando la inspectora y lanzaban risitas, miradas y comentarios entre susurros. Cuando Calaf se cansó, los dejó marchar y dijo:

—Si os vuelvo a ver, os mando al juez de menores. Ahora, desapareced de mi vista.

La tarde se estaba ennegreciendo, y no sólo porque se estuviera tapando el cielo, sino porque se hacía de noche. Aquella tarde habían pasado muchas cosas y no habían ni comido. Mario tenía hambre, pero no dinero, así que tendría que esperar a llegar a casa y comer algo de lo que le habían dejado sus padres. ¡Sus padres! Miró el teléfono y vio que tenía aproximadamente un millón de llamadas perdidas. Ni se había acordado de que había puesto el teléfono en silencio cuando habían entrado al teatro. No había vuelto a pensar en ello.

Los llamó, les mintió diciendo que había ido a jugar a casa de uno de clase que no tenía cobertura en el comedor y se volvió a disculpar. Sus padres estaban tan aliviados por contactar con su hijo que dieron por buena la mentira y le empezaron a decir que no hiciera eso ni lo otro y él prometió irse a casa y meterse temprano en la cama. Se despidió y, al colgar, escuchó que Sofía también estaba hablando con alguien, y por la conversión dedujo que eran sus padres:

—Sí, hoy me voy a quedar a dormir en casa de Natalia. Me vendrá bien distraerme un poco. Es muy fuerte lo que ha pasado con el profesor. Natalia está hecha polvo y así iremos juntas al funeral en el colegio... No, no, creo que es sólo para alumnos. Bueno, besos. Para cualquier cosa que queráis estoy en el móvil.

Colgó y Mario se la quedó mirando.

—¿Qué pasa? —preguntó Sofía al ver la insistencia de Mario.

—¿Quién es Natalia?

—Natalia es... mi amiga invisible. Es como la que uno tiene de pequeño, pero ahora me ayuda a quedarme, por ejemplo, a pasar la noche en tu casa. Ella no existe, pero mis padres no lo saben, aunque tienen su móvil y todo. Es... cuestión de confianza, como dicen en los anuncios.

—¿En mi casa? —preguntó descolocado Mario, que

de todo lo que había dicho Sofía sólo se había quedado con eso.

Estás solo, ¿no? Tus padres no están, ¿no? Perfecto. Tu casa será nuestro centro de operaciones, como dicen en las *pelis*. Tenemos muchas cosas de las que hablar, ¿no crees? ¿O piensas dejarlo aquí?

—No, bueno.... Estaba loco. A ése se le había ido la olla —dijo tocándose la sien.

—¿Lo piensas de verdad? ¿Estás seguro? Puede ser, puede que tu amiga Rosario tenga razón y no haya caso. Si es así, no hay problema, sólo pasaremos la noche charlando y riendo. ¿Sabes que la risa es un anestésico natural? —le preguntó imitando a Teodoro y agarrándole del brazo.

46. Los monos reían antes que los humanos

Era extraño estar con ella en la habitación. Sentado a su lado, mirando el ordenador, comiendo patatas fritas y bebiendo Coca-Cola directamente de una botella de dos litros que había encontrado en la nevera y que se iban pasando como si fueran… No lo sabía, Mario no podía decir qué eran. Porque era casi irreal tenerla tan cerca, tanto que de vez en cuando se rozaban con las piernas o se tocaban con los codos y él se distraía de lo que Ella le decía. Sin embargo, pronto se fue metiendo en la búsqueda que ella había sugerido hacer:

—Teodoro me ha abierto los ojos. Esté loco o no, creo que es listo. Tío, no sabemos nada de la risa. Sólo reímos. Si todo esto, sea lo que sea, está relacionado con la risa, con reír, deberíamos informarnos un poco, ¿no? Saber un poco de qué va la cosa. A ver, ¿tú qué sabes de la risa?

Y así habían empezado a buscar en Google todo lo que se les ocurría, empezando por averiguar si realmente la risa activaba las dos partes del cerebro y, más importante todavía, si había otra actividad que también las activara a la vez. No les costó encontrarlo.

—El sexo —leyó ella—. La otra es el sexo.

—Sí —dijo él antes de ponerse la botella de Coca-Cola en la boca y beber un trago largo que no le apetecía.

Sofía siguió navegando y cada vez que encontraba algo que consideraba interesante lo leía en voz alta, como si Mario no pudiera leer por sí mismo:

—Mira, aquí dice que la risa disminuye la presencia del colesterol en la sangre… y que sí, que es una especie de analgésico natural. Y mira, mira, aquí que la risa hace que no tengamos temor ni angustia… y dice que facilita la digestión. Pues a mí a veces me ha sentado mal la comida de tanto reír. Qué curioso, ¿sabías que un tal Jaak Panksepp afirma que los perros y las ratas también pueden reír? Y también pone que los monos inventaron la risa, que reían antes que los humanos. Bueno, no sé… A ver aquí…

Ella se había apoderado del teclado y del ratón. Mario la seguía e intentaba hacer comentarios o sugerencias, pero ella navegaba por donde quería. Cuando se cansó de ver los resultados de búsqueda para «risa», empezó a buscar entradas que le dieran resultados menos científicos. Mario sugirió que pusiera «morir de risa» y a ella le pareció muy buena idea.

—Vaya, pues el pobre Pons no ha sido el primero ni va a ser el último.

Los dos estuvieron un buen rato leyendo sobre varios ataques mortales de risa que se habían dado a lo largo de la historia.

Según decían, el primero del que se tenía noticia databa del siglo XII antes de Cristo. Un tal Calcante había sido la víctima. Un adivino le aseguró que nunca llegaría a probar el vino de las uvas que estaba plantando. Cuando llegó el momento de la vendimia, Calcante invitó al adivino a un trago de vino, pero el adivino insistió en que Calcante, a pesar de estar ya tan cerca, moriría antes de probarlo. A Calcante le hizo mucha gracia la insistencia del adivino, tanta que soltó una carcajada tan fuerte que murió asfixiado. Éste fue el primero, pero había de todo. De risa habían muerto reyes, pintores, filósofos, actores…, nadie estaba a salvo. Lo que más le sorprendía a Mario era que leídas, allí en su habitación, las cosas que habían hecho que aquellos hombres y mujeres perdieran la vida no tenían demasiada gracia. Como el caso del filósofo Crisipo, que después de darle de beber vino a su burro no pudo parar de reír al ver al animal comer unos ficus.

—No tiene gracia —dijo Mario.

—No sé, supongo que depende de cómo te pille. A lo mejor él había bebido más que el burro.

—Busca lo de risoterapia —dijo él.

—Búscalo tú. Tengo que ir al lavabo.

Mario le indicó dónde estaba y Sofía cogió algo parecido a un neceser de su mochila. La volvió a cerrar y desapareció por el pasillo justo en el momento en el que algo empezó a vibrar.

Sonaba dentro de la mochila de ella y él no lo pensó. La abrió para buscar el móvil y, como mínimo, advertir a Sofía de quién estaba llamando. Pero no vio el móvil. Sólo pudo ver que dentro de la mochila había una máscara de mono. Igual que las que había visto en el vídeo en el que pegaban a Segur.

Tal vez era cierto y los monos reían antes que los humanos, porque a Mario no le hizo ninguna gracia encontrar aquella máscara de mono sonriente dentro de la mochila de Sofía.

47. *Culpable*

Mario esperó eternamente a que ella saliera del lavabo. Temió eternamente a que ella saliera del lavabo.

No sabía qué pensar, ni qué decir, ni qué sospechar, ni cómo comportarse. ¿Era posible que ella, precisamente Ella, tuviera algo que ver con la paliza que había recibido Segur? ¿Sería ella la propietaria del *mail* joquerisa@hotmail.com? ¿Ella, la que le había estado amenazando? ¿La que había estado jugando con él? ¿Sería todo una trampa?

Mario quería encontrar, desesperadamente, una excusa, una explicación, algo que la justificara. Sabía que tenía poco tiempo, pero hubiera dado lo que fuera por encontrar un rayo de confianza en su interior. Sin embargo, cuando lo intentaba, su cabeza le gritaba que Sofía había confesado que estaba en la sala de profesores cuando Pons murió, que tenía una de las máscaras de mono y que siempre parecía saber algo más de lo que decía. Su cabeza la estaba declarando culpable sin que sus sentimientos pudieran hacer nada para defenderla, sin encontrar pruebas suficientes para convencerse. Culpable, culpable. Todo indicaba que era culpable. Pero no podía ser… Ella era su amiga, era… ¡Ella!

Y mientras tanto, sus ojos se perdían en los ojos vaciados de la máscara de mono, absorto en una mirada en la que su mirada se despeñaba, en la que era tragada por ese vacío, esa expresión cómica y trágica de la máscara de mono medio sonriente, medio enloquecida.

La cisterna.

El momento que temía estaba a punto de llegar.

El grifo.

El toallero golpeando contra los azulejos de la pared.

Pasos.

Respiración y carraspeo.

Se acercaba, avanzaba por el pasillo y Mario todavía no había decidido qué hacer, cómo enfocar el problema. No era una novedad. Casi siempre era incapaz de decirle las cosas que quería sin antes dar tantas vueltas que cuando se las decía ni él mismo reconocía el mensaje original.

Sofía.

Mario la miró y ella se dio cuenta de que tenía la máscara de mono en la mano. No dijo nada. No intentó justificarse de ninguna manera. Ladeó los labios, entornó los ojos, le quitó la máscara, cogió su mochila y desapareció de la habitación. Hubo unos segundos en los que no se escuchó nada. Mario la imaginó delante de la puerta, pensando si insultarle, si confesar, si indignarse… Si volver. Él no quería que se fuera, pero tampoco podía moverse de donde estaba, no era él quien tenía que dar una explicación. En realidad no la había acusado de nada, simplemente ella le había visto con la máscara en la mano. Ni una palabra de la que él tuviera que arrepentirse.

Cuando por fin escuchó el portazo, estos pensamientos no le consolaron demasiado.

48. Plantada frente a su puerta

¿Significaba que se declaraba culpable o que era tan inocente que ni creía necesario defenderse?

A Mario le daba igual.

Lo único que sabía era que se sentía muy mal. En el mismo instante en el que oyó cerrarse la puerta se arrepintió de haber dejado que se marchara sin ser capaz de decir ni una sola palabra, sin atreverse a ir detrás de Ella, aunque fuera para exigir una explicación, para que le contara algo que le hiciera entender qué hacía la máscara en su mochila. Estaba dispuesto a creerse cualquier cosa.

Sonó el timbre.

Se levantó rápidamente y fue a la puerta con la misma excitación que un perro cuando escucha las llaves rascar la cerradura. No le importaba sentir tanta alegría, ni tan siquiera demostrarla. Para nada. Quería que ella viera que estaba muy contento de que hubiera decidido volver, y que estaba dispuesto a escucharla y, más importante aún, a creerla. Además, si había decidido dar media vuelta y volver era porque tampoco se había quedado tranquila, y ésa era una muy buena señal.

Sin preguntar, sin pensar nada más que en verla plantada frente a su puerta y con cara de pocos amigos, abrió de golpe y sí, la vio, llevándose un pequeño desengaño primero y haciéndose algunas pocas preguntas después, como por ejemplo: ¿por qué estaba en la puerta de su casa, a esas horas, la inspectora Rosario?

49. Todo lo que ella había averiguado

—Por tu cara, entiendo que no estabas esperando mi visita —dijo la inspectora Calaf, poniéndose el pelo detrás de la oreja y arqueando las cejas.

—¿No te has cruzado con Sofía? —se le escapó a Mario.

—Pensaba que estaría contigo. ¿No sois...?

—No —atajó antes de que ella pudiera decir la palabra «novios».

—¿No me vas a dejar entrar? Tranquilo, no es una visita oficial.

Mario dio media vuelta y pasó al comedor con andares impertinentes, dando a entender a Calaf que sí, que la dejaba pasar pero que aún estaba enfadado por la bronca que les había dedicado a él y a Sofía en mitad de la comisaría. Ella aceptó y cerró la puerta tras de sí. Se sentaron en el sofá y Mario se dejó caer cansinamente, esperando una explicación y transmitiendo que a él no le impresionaba esa visita. Fuera lo que fuese lo que había ido a decirle, le daba igual, o como mínimo eso pretendía demostrar.

Rosario empezó a preguntar por qué se habían

enfadado, por qué ella se había marchado, y Mario contestó con evasivas, eludiendo la respuesta. No quería decirle a una policía que sospechaba de Sofía, no quería explicarle que había encontrado la máscara ni que cada vez le resultaba más difícil creer que ella no estaba metida de alguna manera en… «eso», que tampoco tenía muy claro qué era.

—Está bien, son cosas vuestras. Yo no he venido aquí para hacer de intermediara, ni para arreglar los problemas de… —se dio cuenta de que estaba entrando en un terreno pantanoso y cambió el rumbo—. Vengo por dos razones y espero que colabores.

A Mario no le gustó el sonido de ese «colabores». Involuntariamente se esfumó su pose de «todo me da igual» y se irguió en el sofá. Rosario se dio cuenta y no pudo evitar soltar algo más que una sonrisa y algo menos que una carcajada.

—No, tranquilo, Mario. Tampoco hace falta que te asustes. Cuando digo que espero que colabores no lo digo como policía, ni pretendo que pienses que esto es un interrogatorio ni nada semejante. Sí, sé que a veces soy…, parezco demasiado dura hablando, debe de ser mi tono. No era mi intención. Bueno…, insisto, no estoy aquí como policía y me gustaría que no me tratases como a una policía. Pero vayamos por partes. Primero: perdón.

Hizo una pausa y le miró sinceramente a los ojos, abriendo las palmas de las manos y haciendo una mueca con la boca que hizo que la cicatriz de su cara se retorciera. Mario no dijo nada, tal vez un casi imperceptible gesto de afirmación con la cabeza. Nada más.

—Por antes. Sí, antes, en la comisaría, he tenido que montar el numerito, me he visto obligada. Cuando me han llamado al despacho y me han contado lo del teatro…, digamos que he tenido algunos problemas con mis jefes. Me ha costado mucho convencerles de que yo no tenía nada que ver y que ya hace mucho tiempo que dejé el caso de mi padre.

—¿El caso de tu padre? —preguntó Mario sentándose en el filo del sofá.

—Sí. Es una larga historia…, pero necesito saber qué te dijo mi padre, por qué contactó contigo y cómo.

Estaba claro que la inspectora Calaf no quería compartir su historia, sólo quería sacarle información. Mario estaba demasiado intrigado como para no negociar un intercambio.

—Yo te digo todo lo que me dijo tu padre si tú me cuentas esa larga historia. Tenemos tiempo. Aún es temprano.

Mario se sentía fuerte en aquella situación y quería apurar todas sus opciones.

—Ya, chaval —empezó a decir Rosario poniendo ese tono de policía que tanto endurecía sus palabras—, pero no sé si quiero explicarte mi vida. Quiero que me digas exactamente qué te dijo mi padre —al volver a comprobar que Mario se alejaba de la confianza que ella necesitaba generar, suspiró y, una vez más, cambió la dirección de la conversación—. Está bien, verás, creo… Bueno, no es que lo crea, sé que tú y tu amiga os habéis metido en un lío y sería mejor que dejarais las cosas como están. Si paráis aquí, creo que os dejarán en paz. Pero si seguís metiendo las narices en esto…

Rosario no quiso completar la frase y se calló para comprobar la expresión de Mario, que no tenía claro qué estaba tratando de decir ella. ¿Le estaba amenazando? ¿Estaba ella metida en «eso»? ¿Qué estaba ocurriendo?

—Ya veo que no nos estamos entendiendo. No te estoy amenazando, te estoy diciendo que no me gustaría que te pasara nada.

A Mario le sorprendía la capacidad de la inspectora para descubrir, con sólo mirarlo, lo que estaba pensando, temiendo o sintiendo. Pero se negaba a que le tratara como a un niñato al que se debe proteger. Se levantó, nervioso, antes de decir:

—No estoy asustado, ni nada de eso. Sólo que creo que ya estamos metidos en eso que no sé qué es y tú tampoco quieres contarme. Estoy un poco perdido, pero sé que a un amigo mío le han dado una paliza, que a mí me dieron un puñetazo que me tumbó, que he recibido correos y llamadas amenazándome y que a los padres de Sofía les están pasando cosas raras en su trabajo... Ah, y que sobre nosotros corren chistes que nos están dejando por los suelos. Y lo más gracioso de todo es que no tengo ni idea de qué va todo esto. Aparte, claro, de que ha muerto un profesor y... no sé..., ya no me acuerdo de más, pero no me parece poco.

Mario se sentó y se quedó mirando a Rosario.

—Está bien, está bien. Hagamos un trato. Yo te cuento lo que sé y tú me dices lo que sabes.

—Tú primero.

Calaf aceptó y empezó a contar todo lo que ella había averiguado.

50. *Resources of Investigation of Social Attacks*

—Supongo que si has hablado con mi padre te habrás dado cuenta de que sabe muchas cosas sobre la risa. Por pocas palabras que cruces con él te das cuenta de eso y también de que siempre está riendo. Tal vez por eso dicen que está loco. Me juego lo que quieras a que en el teatro te contó cosas como que la risa es un analgésico natural, o que mejora la circulación de la sangre, o quizá que la verdadera tragedia de las personas es que cada vez reímos menos. Es cierto. Yo también, a fuerza de investigar, he aprendido muchas cosas de la risa, y es verdad que de pequeños reímos una media de trescientas veces al día, de mayores una media de cinco o seis y que hay días enteros en los que ni reímos. Un bebé ríe mucho más que un niño. Un niño más que un adolescente. Un adolescente más que un adulto. Y un adulto, un adulto casi nunca ríe. Es como un castigo divino. Perdemos la capacidad de reír y de reírnos de nosotros mismos, pero ganamos otra: sabemos reírnos de los demás. Aprendemos a hacerles daño. Y esa risa… ya no es tan divertida. Hiere, es dolorosa. Nos rompe por dentro. Puede, incluso, traernos problemas en el trabajo, en la pareja y, sobre todo, con nosotros mismos. Te mina la autoestima y te aleja de los demás. Te aísla y te encierra. Es un arma. Poderosa. Mucho. Mi padre lo supo muy bien. Lo sabe muy bien… Quien no sabe aún quién es mi padre soy yo. Sigo tratando de completar el puzzle. Creo que por eso soy policía. No, mejor dicho, estoy segura de que por eso soy policía. ¿Ves esta cicatriz, te has fijado en ella? Claro que sí, es bastante complicado no hacerlo. Yo era muy pequeña cuando pasó. Por suerte no me acuerdo de nada… Según me contó mi madre, un día en el que mi padre me acompañó al parque, unos hombres encapuchados me metieron en un coche y me rajaron la cara. Luego me soltaron. Mi padre, poco después, se fue de casa y no volvió a ponerse en contacto con nosotras. Desapareció. ¿Por qué? No me lo planteé hasta que, más o menos a tu edad, empecé a hacerme preguntas. ¿Quién era mi padre? ¿Por qué nos dejó? ¿Dónde había ido? ¿Estaba vivo o muerto? Nadie me contestaba. Nadie sabía o nadie quería saber nada, y mi madre parecía que era la que menos sabía y la que menos quería saber. Sólo me contaba lo de los hombres encapuchados y que pocos días después nos había abandonado. No me lo podía creer. ¡Se lo había tragado la tierra!

»Así que empecé a investigar. Me enteré de que cuando ellos dos se conocieron mi padre era un cómico que actuaba de local en local, de fiesta en fiesta, tratando de hacer reír a la gente con sus monólogos. No era muy famoso, pero tenía su público y los que le vieron actuar decían que tenía talento, que sabía escribirse sus propios chistes y que, de haber seguido en el escenario, hubiera sido un cómico reconocido. No ocurrió así. Un día abandonó esa vida de cómico ambulante con la excusa de que quería formar una familia, sentar la cabeza y ganar algo más de dinero. Y lo hizo. ¡Lo hizo de sobras! Mi padre empezó a ganar un montón de dinero. Le decía a mi madre que trabajaba como guionista en la radio y que allí se cobraba muy bien, y ella nunca sospechó que tal vez estaba ganando demasiado. Claro está que no trabajaba para la radio. Estaba trabajando para el gobierno, o como mínimo, fue el gobierno el que le hizo la propuesta de entrar en un organismo internacional cuyo nombre en clave era RISA. Sí, en español..., pero esto ahora no es importante. Lo importante era que ahí se perdían todas las pistas. Todas. Durante mucho tiempo todos los caminos me llevaban a la RISA y en la RISA morían todos los caminos. Supongo, aunque eso debería decirlo el psicólogo, que ese afán por investigar la desaparición de mi padre me llevó hasta donde estoy ahora como policía. Explicaciones psicológicas al margen, durante algún tiempo olvidé, o creí que olvidaba, mis investigaciones adolescentes. Vino entonces una etapa complicada con amigos complicados que ahora tampoco viene al caso, y luego empecé a estudiar para ser policía y bla, bla, bla... Es obvio que lo conseguí. Como también conseguí hacerme inspectora, y con muy buenas calificaciones. Pero tampoco ahora es mi intención aburrirte con esas cosas. Iré al grano. Iré dos años atrás, dos y medio tal vez, cuando se me asignó un extraño caso de un tipo que había muerto de risa en un cine. Era un caso rutinario. En realidad no había caso, pero se trataba de un pez gordo, un tipo con mucho dinero que había ido a ver una película para todos los públicos con su familia y se atragantó con una palomita dulce, de ésas de colores; el color verde fue su perdición. La familia se puso muy pesada. Creo que esperaban, que deseaban, que alguien le hubiera asesinado. Querían con todas sus fuerzas que yo encontrara alguna trama de espionaje industrial y cosas por el estilo. Hubiera sido más heroico, menos ridículo, más soportable para ellos. Pero no. No hubo caso. Su muerte fue tan dramática para su familia como cómica para la opinión pública. Su muerte cambió mi vida. Me hizo pensar. Me hizo reabrir el caso de la RISA en mi cabeza. Volvió a mí con toda su intensidad. Con toda su violencia. Emergió del fondo de mi adolescencia para no dejarme en paz. Volvía a ser una chica de quince años buscando la pista del padre que la abandonó. Pero ahora no tenía quince, tenía unos pocos más y además tenía los recursos de una inspectora de policía con una brillante carrera por delante. Y descubrí cosas, cosas que me dejaron con la boca abierta.

»Descubrí que la RISA era un proyecto secreto creado pocos meses después de que Hitler llegara al poder. Sí, no pongas esa cara. En la Segunda Guerra Mundial nacieron, crecieron y se perpetraron muchas cosas, porque cualquier cosa valía para pelear contra algo como el nazismo. Así que cuando algunos ya se empezaban a dar cuenta de que en Alemania las cosas no pintaban bien y que no iban a pintar mejor, trataron de hacer algo. Estos cuatro, pues eran cuatro, lo intentaron a su manera. Se unieron un inglés, un francés, un alemán exiliado y un español, y crearon la RISA, que son las iniciales de Resources of Investigation of Social Attacks, algo así como "Recursos de Investigación de Ataques Sociales" pero en inglés, ya que era el gobierno británico el que al principio financiaba todo eso. Sí, sí, no te rías. Es como el chiste, ya sé: un inglés, un francés y bla, bla, bla…, pero es que el chiste vino de esta organización; ya te lo contaré en otro momento. El caso fue que el español puso el nombre y buscó el acróstico en inglés y todo eso, ya sabes…, y a todos les pareció bien. No hay duda de que al principio la mayoría de los que se enteraron de la fundación de la RISA se lo tomaron… a risa. ¿Cómo iban a tomárselo en serio? Excepto el gobierno británico, o una parte de él, los demás los consideraban cuatro chiflados que querían hacer una especie de guerra en broma. Entonces la broma empezó a no tener gracia y Alemania invadió Polonia y todas esas cosas que, si no has estudiado o has visto ya en películas, ya las verás o ya las estudiarás.

»El caso fue que los aliados empezaron a darse cuenta de que había que hacer la guerra a Hitler. Sí, sobre todo había que atacar lo que más se esforzaba él en cuidar: su imagen. Había que destrozar su reputación. Había que conseguir que, en vez de que la gente le temiera, hiciera gracia, que fuera un personajillo ridículo. Por fin la RISA tenía encargos serios de los aliados. Por fin les dejaban jugar en el patio de los mayores. Por fin los cuatro se pusieron a trabajar. Y trabajaron mucho. Contrataron a caricaturistas para publicar en todos los medios posibles viñetas que se reían de las pretensiones del Tercer Reich y se mofaban de los líderes más destacados de los nazis. Tuvieron en nómina a guionistas de Hollywood para que ridiculizaran a Hitler, para que se metieran con su estatura, con su bigote, con sus andares..., con cualquier cosa. También pagaron a gente para que extendiera bulos y rumores que atacaran al centro de la ideología nazi, como por ejemplo que muchos de sus líderes, incluido Hitler, eran de ascendencia judía... Contrataron de todo y consiguieron pequeñas y grandes victorias. Sin duda, su gran momento, el momento más álgido de la RISA fue cuando se unieron con Charles Chaplin para hacer una película que pasaría a la historia: *El gran dictador.* Una película que a ti ahora no te sonará pero que hizo enfadar tanto a Hitler que dicen que cuando terminó de verla vomitó de rabia. Al final, eso seguro que te suena, se ganó la guerra pero el mundo quedó dividido en dos. La Guerra Fría. Los dos grandes bloques. Capitalistas contra comunistas y un mundo que ardía con pequeños fuegos. La RISA no escapó de esa división. La Segunda Guerra Mundial había demostrado que el humor era un arma tan poderosa y efectiva como los escudos antimisiles y el armamento nuclear.

»Los cuatro miembros que fundaron la RISA se separaron. Cada uno tenía sus puntos de vista y cada uno estaba de acuerdo con una visión distinta del mundo. Los gobiernos siguieron financiando grandes programas destinados a minar la imagen pública de éste o de aquél. Ya daba igual. Ya no había un enemigo como Hitler. Todos decían que sus enemigos eran un Hitler. Mi padre entró en la RISA occidental en esa época ya menos espléndida. Pude saber que trabajó para el gobierno británico durante algún tiempo y luego, bueno, luego le perdí la pista y sólo sé que quiso dejarlo todo, al parecer no estaba de acuerdo con algunos…, llamémoslos…, procedimientos y objetivos…, pero el caso fue que le dieron una seria advertencia. ¡Muy seria! ¡Le rajaron la cara a su hija! Entonces supongo que no quiso que corriéramos peligro, que se negó a que nos hicieran daño a mi madre o a mí. Prefirió hacerse daño a sí mismo y desapareció.

»Le encontré en el psiquiátrico de Baudo y no se alegró demasiado de verme. Me derrumbé. Estaba absolutamente… loco. No paraba de reír, de gesticular, de decir cosas sin sentido… Tenía que aceptar que mi padre, como mínimo el padre de mis recuerdos felices de infancia, estaba muerto. Y si estaba muerto era porque él quería estar muerto y, con un dolor que hizo que mi corazón… no es que se me rompiera, sino que se me volatilizara del pecho, lo acepté. Claro está que a mis compañeros de comisaría no les hacía, digamos, demasiada gracia que yo investigara algo tan poco… ¿serio? Y a mis jefes…, bueno, ellos se negaron en redondo. Cuando se enteraron me amenazaron con apartarme del servicio, y todo eso a mí, lejos de intimidarme, me hacía sentir que si tantos problemas me ponían todos era porque yo estaba en el camino correcto para llegar a averiguar… algo. No sé qué. Algo. De repente, cuando el profesor Pons apareció muerto…, pues… Creo que ya estoy más cerca, porque podré demostrar que existe la RISA, en cualquiera de sus nuevas versiones, y que están en activo y que es algo que la gente debe saber. Pero me han apartado. Me han ordenado, bajo amenaza de ser suspendida de empleo y sueldo, que deje el caso. No puedo hablar con nadie. No puedo preguntar a nadie y me temo que, aunque quisiera, no podría ni ir a ver a mi padre al hospital. Cuando os trajeron a la comisaría yo estaba siendo apartada del caso de Pons, así que no quería buscarme más problemas y preferí montar… un numerito que, como todo en este caso, no iba en serio.

51. Papel higiénico

Cuando Rosario terminó de hablar, Mario tuvo la misma sensación que si hubiera despertado de un largo, intenso y profundo sueño. No había interrumpido a la inspectora para decir ni mu, y en algunos momentos de la narración apenas había respirado, reteniendo el aire en los pulmones como el arquero que se ve obligado a contener la respiración para conseguir el máximo nivel de concentración y dar en el blanco. Mario no estaba seguro de que él hubiera dado en ningún blanco. Ella sí. Había sido ella quien le había alcanzado de lleno con esa demostración de sinceridad, de voluntad de querer compartir toda la información que tras tantos años de búsqueda había conseguido recopilar.

—Bueno, Mario, ahora te toca a ti. Yo ya te he contado todo lo que sé. Ya ves que tampoco es demasiado, o como mínimo, no es suficiente como para tener una pista clara que nos lleve a saber qué ha ocurrido con el profesor Pons.

No tuvo que insistir más. Mario le contó todo…, todo excepto que había encontrado la máscara de mono en la mochila de Sofía.

Rosario estuvo escuchando atentamente, preguntando sobre puntos que no le quedaban claros o por los que Mario pasaba demasiado deprisa. Hizo que le enseñara el vídeo de la paliza a Segur y estuvo pegada a la pantalla, viéndolo una y otra vez, parando y siguiendo, siguiendo y volviendo a parar, hasta que dijo:

—Es una paliza profesional, de eso estoy segura. No han dejado ni un solo resquicio por el que encontrar una pista. Salvo las máscaras de mono, claro. Hay quien dice que…

—Los monos reían antes que los humanos. ¿Verdad? Ellos inventaron la risa —se apresuró a decir Mario, queriendo demostrar que también sabía investigar y relacionar datos.

—Muy bien, pequeño aprendiz. Te voy a contratar de ayudante.

Ella le guiñó el ojo y Mario se sintió muy bien. Luego pensó que tenía ganas de ir al lavabo. Se excusó e invitó a Rosario a sentirse como en su casa, algo que le sonó raro en su boca, pero como se lo había escuchado decir a sus padres, no le pareció mala idea imitarlos.

Más que ganas de ir al lavabo, tenía ganas de lavarse la cara. Despejarse. Los ojos empezaban a sentir el peso de la gravedad. Se secó y entonces se fijó en el papel higiénico.

¿Estaba escrito?

¿Se trataba de uno de esos rollos decorados con cosas extrañas? ¿Qué demonios habían comprado sus padres en el súper? Se acercó lentamente y a medida que lo iba haciendo se iba dando cuenta de que aquello no era nada industrial, no. Ni mucho menos. Aquellas letras eran obra de la mano humana, no de una máquina.

¿Sofía? ¿Quién, si no?

Ella había sido la última persona en entrar en aquel lavabo y, posiblemente, en utilizar el papel. A Mario se le pasaron fugazmente un montón de ideas extrañas por la cabeza. Sin duda, una de las ideas más estrambóticas fue preguntarse si Sofía había sentido un impulso poético incontenible en el lavabo y se había puesto a escribir poesía en el papel higiénico. ¿Una declaración de amor? Sólo había una manera de saberlo. Desenrolló y vio que había escritas dos porciones. Letra pulcra. Educada. Redonda. De buenos apuntes.

52. *Cerca*

Mario, mientras yo estoy escribiendo estas líneas tú habrás encontrado la máscara de mono dentro de mi mochila. Sí, no pongas esa cara, lo sé. Pero escúchame, o mejor dicho: léeme. Creo que estoy cerca de resolver este misterio, de encontrar al asesino del profesor Pons. He tenido una idea y voy a ver si funciona. Si no, puede ser peligrosa y puede que... Bueno, si no estoy en el funeral de mañana, por favor, búscame porque estaré en peligro. Sé que serás listo y me encontrarás. Si nos vemos, te diré el nombre del culpable.

Un beso,

Sofía

P.D.: Por cierto, mantente alejado de la inspectora Calaf. Repito: mantente lejos de ella, no es inteligente estar a su lado. ¡Otro beso!

53. Dudar de las dos a la vez

Mario no tuvo tiempo ni de ponerse nervioso cuando escuchó la voz de Rosario:

—Mario…, ¿te encuentras bien?

¿Qué decir? ¿Qué contestar? No, no se encontraba bien. No se encontraba nada bien. Estaba a años luz de encontrarse bien.

Maldijo a Sofía por no ser más clara. Por tener esa habilidad de hacerle dudar siempre.

—¡Mario! No me asustes… ¿Estás bien o tengo que tirar la puerta abajo?

Insistía. Tenía que dar una respuesta. Ganar algo de tiempo… aunque fuera para ponerse nervioso. ¿Por qué le amenazaba con tirar la puerta abajo? Carraspeó.

—Sí, sí…, es que…, bueno…, necesito un poco más de… rato…

Tal vez esa frase, esa excusa, esas palabras le dieran ese tiempo que tanto necesitaba. Tal vez ganaría esos segundos suficientes que al final, como pasa en las películas malas, harían que salvara la vida en el último suspiro. Tal vez sí, pero él, de todos modos, se sintió ridículo por decirle eso a una mujer que estaba invitada en su casa, fuera asesina o no.

Por suerte la vergüenza se le pasó pronto. Ya estaba hecho.

—Bueno, muy bien. Te espero aquí fuera.

Te espero aquí fuera…

¿Para qué?

¿Para clavarle un cuchillo? ¿Para estrangularle cuando estuviera de espaldas, cuando pensara que el peligro ya había pasado?

Estaba hecho un lío.

Cada vez estaba más hecho un lío y Sofía no ayudaba. ¿Qué quería decir con «mantente alejado de la inspectora Calaf»? Podría haber sido más clara. No había sido por papel. El rollo estaba casi por estrenar.

Mario leyó la nota mil veces más en los siguientes segundos y notó que algo no encajaba. Si Rosario era un peligro, ¿por qué le advertía en la posdata? ¿Por qué no había empezado por ahí? ¿Estaba insinuando que tenía algo que ver con la muerte de Pons, que podía ser ella la asesina?

¡No! Mario no podía creer que ella fuera una asesina. No era posible. No tenía… ¿cara de asesina? Se planteó si eso tenía mucho sentido, si realmente los asesinos tienen una cara especial.

¿Dudar de Calaf? ¿Y de Sofía? ¿Cómo sabía que él iba a encontrar la máscara de mono? Era imposible a no ser que… ¿ella se había llamado a sí misma? ¿Para qué? ¿Con qué objetivo? ¡Cuántas preguntas! Una vez más…, demasiadas preguntas para tan pocas respuestas. Qué tenía que hacer entonces, ¿dudar de las dos a la vez? ¿Por qué no dudar de él mismo? Puestos a dudar…

Mario pensó que realmente la nota estaba escrita en el lugar adecuado porque era una mierda de nota de la que sólo se salvaban los dos besos que le daba. El resto le indignaba. Le enfadaba. ¿Qué significaba que ella tenía un plan? ¿Qué era eso de que, si no estaba en el funeral, estaría en peligro y que la buscara? ¿Por qué no había confiado en él? ¿Por qué prefería ir sola? ¿No podría haberle dicho dónde buscarla?

Lo peor de todo era que estas preguntas se quedarían sin respuesta. Mario tenía algo más importante que solucionar. Tenía que salir del lavabo e inventarse alguna excusa para sacar de su casa a una posible asesina.

Lanzó la nota de Sofía al lavabo y la hizo desaparecer tirando de la cadena. No quería dejar pistas y quería que Rosario escuchara el sonido del agua. Respiró hondo y abrió la puerta.

54. Una escoba del revés

Rosario estaba justo delante de la puerta. Esperándole. ¿Presionándole?

—¿Te encuentras bien? Estaba preocupada. Estás... pálido.

Mario pensó que aquél era un buen principio, porque si ella realmente tuviera la intención de matarle, no se preocuparía por su salud. Además, esa pregunta le había dado una salida, un camino que seguir para quedarse solo. A lo mejor no era una asesina, pero algo en él le decía que creyese más a Sofía que a Rosario. Que si ella le decía, le pedía, que se mantuviera alejado de la inspectora, era mejor hacerle caso. Ya no pensaba en lo que había sentido al encontrar la máscara de mono en la mochila. Se arrepentía de haber dudado, de no haberle preguntado tranquilamente por ella. Había desconfiado y ella le castigaba no confiando en él.

—La verdad es que no. Algo me ha roto. Porque tengo la barriga rara.

Rosario le miró. Mario puso su mejor cara de «Estoy malo, quiero irme a dormir, lárgate de mi casa». En ese momento, sin querer, pero sin poder evitarlo, pensó en una cosa que a veces le contaba su madre acerca de las visitas que no se van nunca. Al parecer, cuando ella era pequeña, se advertía a las visitas de que ya había llegado la hora de irse poniendo una escoba del revés. Así no tenían que decirlo y todo se mantenía dentro de los límites de la buena educación y la corrección social. Le hubiera venido bien una escoba en ese momento. No la tenía.

—Vaya. Deben de ser los nervios —dijo ella.

A Mario no le gustó que dudara de sus nervios.

—No, creo que ha sido la cena —insistió él.

—Bueno. ¿Qué has cenado?

—Patatas fritas y Coca-Cola —contestó deprisa, sabiendo que esa respuesta sería suficiente como para convencer a Rosario de que sus nervios no eran la causa de su malestar.

La inspectora puso aquella cara que a veces ponía también su madre acompañando un: «Bueno, sí, algo te ha sentado mal. A saber qué...»

—No te preocupes, se me pasará durmiendo un poco.

¿Sería suficiente como para que se fuera de su casa? ¿Captaría la indirecta? ¿Le dejaría solo?

—Tienes razón. Un poco de descanso te sentará muy bien. ¿Quieres que me quede? Por mí no es problema...

Mal, mal, mal. Con lo bien orientada que tenía la conversación y en un movimiento se le había escapado de las manos.

—No te preocupes. De verdad... No es grave. Puedes irte tranquila.

Rosario le miró con aquellos ojos que se le pegaban a uno en las pupilas y haciendo ese gesto de llevarse el pelo detrás de la oreja que, lejos de ser algo tierno, era una pregunta contenida.

—Está bien. Tienes mi número por si necesitas algo o... bueno, para cualquier cosa.

Sí, ya estaba. Lo había conseguido. Ella se iría a su casa y él podría quedarse solo, dándole vueltas y vueltas y vueltas a la nota de Sofía hasta caer dormido.

La acompañó hasta la puerta. Un gran silencio se había apoderado de ellos dos. Los pasos rebotaban en el suelo de un edificio dormido como alocadas pelotas de goma dura. Abrió la puerta. Casi lo había conseguido..., hasta que ella la volvió a cerrar y le dijo:

—Sólo una cosa más, Mario...

—¿Qué? —dijo él sin darse cuenta de que se había puesto rojo por culpa de la pregunta inesperada.

—Me has explicado todo lo que te ha pasado desde que contaste el chiste, desde que os pillaron y el profesor Pons os, digamos, castigó. Pero el caso es que no me has contado una cosa.

—¿Qué cosa?

—¿Por qué se ha ido de tu casa Sofía?

—Esto..., nos hemos peleado.

—¿Por qué?

Una respuesta. Una respuesta rápida. Convincente. Presionó su mente, estrujó su creatividad. Vamos, vamos, una respuesta para eso. Daba igual que fuera ridícula o no. Todo valía para salir de esa pregunta. Para que se largara de una vez. ¿Por qué una chica abandona la casa de un chico en mitad de la noche? ¿Qué era lo más normal, lo más parecido a lo habitual? ¡Lo tenía! Era lo suficientemente ridículo y vergonzoso para él como para ser tomado como verdadero.

—Me he confundido.

—¿Cómo?

—Es que… he querido besarla.

Rosario calló. Abrió la puerta y murmuró mientras se marchaba:

—Buena respuesta, pero es mentira.

—No lo es. Yo… —quiso defender su mentira, aunque en realidad no era mentira: la había querido besar, muchas veces, y esa noche unas cuantas más de lo habitual.

—Mario, si tú le hubieras dado un beso a Sofía, ella te hubiera dado dos. Pero bueno, ya me explicarás, si quieres, la razón. Espero por tu bien que no esté relacionado con el caso.

—Te digo que es verdad —mintió de nuevo sin convencer a la inspectora.

Calaf desapareció escaleras abajo, sin girarse ni decir nada más, dejando a Mario pensando por qué le había dicho, tan convencida, que si él le hubiera dado un beso a Sofía, ella le habría dado dos.

55. *En el centro del corrillo*

Después de todo, su mentira resultó ser verdad. Pasó la noche con la barriga del revés y sin poder dormir. Era como si se hubiera tragado un bote de ácido que le quemaba por dentro, deshaciendo sus entrañas. Bebió agua, mucha, intentando calmar aquel ardor que le hacía sudar, estar intranquilo y con la cabeza poco dispuesta a pensar en nada más que no fuera su propia tripa.

Cuando sonó el despertador, hacía poco que había conseguido dormirse. Lo paró. Era sábado. Aún podía dormir un poco más. Otra alarma sonó. En su cabeza. Tenía que ir al funeral. Tenía que encontrarse con Sofía o… no. No podía ser que no estuviera.

Se vistió deprisa, tanto que se puso la misma ropa del día anterior. No había tiempo para elegir ni para revolver el armario. Se lavó la cara y poco más. Se miró en el espejo. Tenía un aspecto horroroso, como si tuviera que ir a su propio funeral y no al del profesor Pons.

Salió de casa con una sola pregunta en la cabeza: ¿estaría Sofía? ¿Podría enfadarse con ella y preguntarle a qué había venido aquella nota escrita en el papel higiénico? Esperaba que sí, porque si no, no sabría por dónde empezar a buscarla.

Llegó a la escuela un poco tarde, pero no lo suficiente como para aparecer con el funeral empezado. Lo sabía porque oía subir el murmullo de los alumnos por las escaleras que él bajaba. Lo que no podía saber era lo iba a ocurrir justo cuando él cruzara la puerta.

El murmullo cesó.

De golpe se hizo el vacío y Mario se encontró en el centro de una sala amplia, llena de alumnos y profesores, sentados unos y de pie otros, pero todos orientados hacia un escenario presidido por una gran foto de Pons. Unas coronas de flores decoraban el atril desde donde los escogidos iban a tratar de decir algunas palabras buenas del profesor.

La gente miró a Mario primero, dijo cosas entre susurros después y finalmente algunos dejaron escapar risitas y comentarios sobre él. Pudo cazar al vuelo uno que decía algo así como que si ya había curado del todo a Sofía y que si la había metido en la nave espacial para que se recuperara. Este comentario fue bastante celebrado con algunas risas más escandalosas de lo que se supone que pueden soltarse en el funeral de un profesor.

A Mario le dio igual.

No le gustaba ser el centro de las burlas, pero tenía otras cosas por las que preocuparse y una era que Sofía no había ido al funeral o, como mínimo, eso era lo que insinuaba el gracioso que había hecho el comentario.

No se lo pensó. Había reconocido aquella voz. Era

la de Guillermo Pelegrín, Willy para los amigos. Era un tipo algo gordo que había sufrido en sus carnes muchos chistes a lo largo de muchos e interminables cursos. Sin embargo, con el paso del tiempo, él había adelgazado un poco y otros habían engordado algo, así que las cosas, en lo que a Willy se refería, habían mejorado.

—Eh, Willy, ¿qué quieres decir con que Sofía está en la nave?

Se abrió un corrillo y a Mario le fue mucho más sencillo encararse con él. Estaba en el centro, rodeado. Y le daba igual, sólo le importaba Sofía.

—Tío, déjame. Estamos en un funeral, no en una nave espacial —dijo con la actitud segura y decidida que da el sentirse respaldado por la mayoría.

Más risas. Willy se creció y con su boca, que escupía cada vez que pronunciaba alguna palabra con demasiadas eses, dijo:

—¿O me vas a matar a mí también?

Mario no supo qué contestar a eso.

—Sí, como a Pons… Dicen que te vio tan feo que se murió de risa.

Carcajadas. El corrillo se lo estaba pasando muy bien con aquel espectáculo. Pero no era un buen lugar para empujar a un compañero haciéndolo caer al suelo. Y eso es lo que hizo Mario, provocando un gran revuelo en el que tuvo que intervenir el director.

—¿Se puede saber qué está pasando aquí?

Willy se levantó del suelo y, frotándose la cabeza, que tenía una forma que recordaba a un bolo roto por la base, dijo:

—Es este marciano, señor director. Se le ha ido la cabeza. Será la radiación.

—Mario, ¿se puede saber qué te pasa? ¿No sabes comportarte en un funeral?

—¿Dónde está Sofía? —dijo nervioso, alborotado, pensando en que todo aquello era irreal y que no entendía por qué había empujado a Willy.

—Mira..., no sé a qué viene esta actitud. No entiendo qué os traéis entre manos Sofía y tú, pero al final voy a tener que avisar a vuestros padres y tomar medidas. A ver si tendrán razón y estás... en otro planeta.

Mientras todos se reían mucho al escuchar cómo el propio director usaba el chiste para regañarle y dejarle en ridículo delante de sus compañeros, Mario sólo quería saber una cosa:

—¿Ha venido Sofía?

—No, Mario —dijo el director cambiando el tono—. No ha venido y, si sabías que no ibas a saber comportarte, tú tampoco deberías haber venido.

No lo dudó. Seguro que a Pons no le importaría. Se fue de la sala de actos en el momento en el que se apagaron las luces y dio comienzo el funeral. Sólo esperaba no tener que asistir al de Sofía.

56. Sin demasiadas alternativas

Se sentía tonto. No tenía la nota que Sofía había dejado escrita en el papel de váter, la había hecho desaparecer para que Rosario no la viera. Le hubiera gustado repasarla como quien repasa un mapa del tesoro para asegurarse de que lo está haciendo todo bien, que está siguiendo los pasos adecuados. Pero el mapa había desaparecido por el váter y ahora sólo podía tratar de sacar la información de su cabeza. Recordar la nota. Visualizarla y volver a leerla en algo parecido a una copia de seguridad interior.

Cerró los ojos. Se concentró. No era tan difícil. Allí estaba. Allí podía ver esa letra redonda, demasiado redonda quizá, alambicada, algo retorcida, una letra que se resistía a dejar de ser infantil. Allí estaba el mensaje. No palabra por palabra, sólo el significado general. Su cabeza era un arqueólogo que reconstruía los datos y les daba el significado original. No era un trabajo difícil. No había nada que se le hubiera olvidado. Sofía le decía que si no estaba en el funeral es que estaba en peligro y le pedía que la buscara. Por más que intentara pensar en la nota sabía que no había nada más. Ni una pista más. Sólo que la buscara porque estaba en peligro.

¡Buscarla!

No sabía por dónde empezar. Estaba perdido. ¿Cómo podía encontrarla si él estaba perdido? Pateó el suelo con rabia, echándole a ella la culpa, enfadado, frustrado, acalorado y con una impotencia en la que su sangre encontraba el calor necesario para hervir. Insultó a Willy apretando la boca, maldijo al director y a todos los que recordaba haber visto en el corrillo. No le habían dejado escapatoria. Le habían acorralado con los chistes. Le habían encerrado con las bromitas, las insinuaciones y esas risitas que se le metían a uno por los poros de la piel, irritándola. Comprendió que estaba solo, que en el instituto él era el hazmerreír. No se podía defender; dejar pasar el tiempo era la única manera de que la gracia del chiste del marciano perdiera intensidad. Si se enfadaba, daba combustible a las risitas. Aguantar y mientras tanto averiguar dónde demonios se había metido Sofía. Entender cómo ella había llegado a una solución. Cómo podía seguirla.

Mario frenó su cabeza.

Tenía que concentrarse. Tenía que dejar de oír las risitas de sus compañeros, tenía que dejar de ver la cara redonda de Willy, olvidar sus labios mofletudos excesivamente salivados. Tenía que olvidar que acababa de ser humillado. Tenía que concentrarse en Ella, en encontrar una solución a un problema que no entendía, una respuesta a una pregunta que había olvidado hacer.

¡Chas!

¡Claro!

Ayuda. Eso era lo que necesitaba. Un poco de ayuda. Y estaba claro que la única persona en toda la Tierra que le podía dar esa ayuda era Rosario. ¿Era buena idea? Pensó unos segundos. Sofía le había dicho que se alejara de ella. Él le había hecho caso y la había echado de su casa. Pero si realmente estaba metida en todo aquello, había tenido una buena oportunidad para hacerle daño. Solos en casa, sin ningún testigo… Y en cambio se había marchado sin más. Incluso se había preocupado por su salud, se había ofrecido a cuidarle. ¿Un asesino hace esas cosas? Además, no tenía demasiadas opciones más, así que se convenció de que a Sofía, por alguna extraña razón que no alcanzaba a comprender, no le caía bien la inspectora. Era una cosa de piel, de afinidad personal, pero no se debía a que fuera una asesina. Además, se acabó de convencer Mario, si realmente Sofía hubiera pensado que Rosario era una asesina, le hubiera escrito en el papel de váter algo así como: «Cuidado, ésa es una asesina, ni te acerques».

No, Rosario no era una asesina. ¿Podía estar seguro? Sí, tenía que estarlo, tampoco le quedaba otra alternativa.

Su número de teléfono. Ella se lo había dado dos veces. Hurgó en los bolsillos de los tejanos con tanto ímpetu que los calzoncillos salieron más de la cuenta a la luz. Le daba igual, aunque cada vez tenía que alargar más los brazos para llegar al fondo de los bolsillos. Por fin encontró la tarjeta. Arrugada, ennegrecida, pero ahí estaba el teléfono de la inspectora Rosario Calaf.

Con prisas, con los mismos nervios que hubiera tenido si estuviera llamando a una posible futura novia o a una inminente ex novia, daba igual, marcó el número de teléfono y oyó la única voz que no quería oír y, sin duda, una de las voces que más odiaba y que más rabia le daba escuchar. Porque cuando esa voz hablaba, sólo había una cosa segura: que él no podría hablar.

57. Esa voz horrible que dice:

«El número al que llama está apagado
o fuera de cobertura en este momento.
Por favor, inténtelo más tarde.»

58. *Una cosa de locos*

¡No podía intentarlo más tarde! Más tarde sería demasiado tarde. Tenía que intentarlo ahora, ahora mismo. Y así lo hizo. Una y otra vez hasta que se cansó de escuchar aquella voz diciendo que no, que aquel número de teléfono no estaba disponible y punto, que lo intentara más tarde.

Después de unos quince intentos sin ningún tipo de éxito, decidió dejarlo ahí. No podía pasarse todo el tiempo marcando estúpidamente un número de teléfono mientras era más que probable que Sofía se encontrara en peligro. Tenía que ir a la comisaría.

Ya estaba absolutamente convencido. Rosario era la única persona que podía ayudarle. Quién sabe, pensaba Mario, tal vez se le había descargado la batería o se encontraba en algún lugar en el que no tenía cobertura, o incluso era posible que estuviera interrogando a un sospechoso y prefiriera que no sonase el teléfono justo en el momento de la confesión final. Había tantas explicaciones por las que Rosario podía estar fuera de cobertura que no tenía que preocuparse, por el momento, como mínimo, no.

¿O sí?

¡Qué más daba! Tenía que correr. Correr como corren los que no saben de lo que escapan ni lo que persiguen. Simplemente correr. Correr esquivando abuelos que se paran en mitad de la calle porque se han encontrado con un vecino. Correr sorteando cochecitos de bebés que duermen mientras sus padres piensan en lo guapo que es su hijo. Correr casi estrellándose contra mujeres que hablan de algo inconcreto apoyadas en el carro de la compra mientras sus maridos resoplan. Correr, correr pasando de largo por un sábado por la mañana tan soleado que resultaba difícil pensar que algo malo pudiera estar ocurriendo. Correr pasando de largo de todo eso para al final llegar a la comisaría, resoplando, devorando el aire, recuperando la respiración para preguntar en el punto de información:

—Hola, vengo a ver a la inspectora Calaf. Es... un asunto personal.

—¿La inspectora Calaf? —repitió una mujer joven, con el pelo recogido en una cola rubia que despejaba una cara suave y de una amabilidad fingida.

—Sí, la inspectora Calaf.

—A ver... —se amorró al ordenador y achinó la mirada haciendo que sus ojos pequeños se convirtieran en algo así como dos rayas dibujadas por un pulso no demasiado firme—. Me temo que no va a poder ser...

—No es por nada oficial, soy su sobrino, tengo que darle un recado importante, un recado familiar —mintió improvisadamente Mario, pensando que tal vez hubieran alertado vía *e-mail* para que no dejaran pasar a nadie relacionado con el caso del profesor Pons, y mucho menos a un alumno.

—Ya, entiendo —contestó ella apoyándose sobre los antebrazos y balanceándose hacia Mario—, pero no va a poder ser. Aunque seas un familiar no va a poder ser. Tengo aquí un aviso que me ha llegado de ella misma, supongo, que dice que hoy no va a pasar por la comisaría. No sé más. Tal vez se haya tomado el día libre, que no lo creo conociendo su fama —recalcó la palabra «fama» marcando las sílabas, dando a entender que esa actitud de supertrabajadora le disgustaba más que otra cosa—, o puede que esté en algún caso. Tendrás que llamar a tu tía al teléfono móvil o pasarte más tarde.

¡Otra vez más tarde! No había más tarde. Era algo que no existía para Mario.

—Gracias —dijo sacando la palabra masticada de la boca.

Salía de la comisaría sabiendo que volvía a estar sin ninguna opción, sin ningún camino por el que seguir. Por si acaso y en un acto reflejo, volvió a llamar al teléfono de Calaf. No tenía ninguna esperanza de contactar con ella, pero lo intentó tres o cuatro veces más, ganando tiempo, estrujándose la cabeza para encontrar algo, por pequeño que fuera, que le permitiera confiar en que encontraría a Sofía, en que hablaría con ella y le diría que todo estaba bien y que aquella nota había sido una exageración. No soportaba imaginársela en peligro. Se le anudaba el estómago. No, no podía pensar en ello. Estos pensamientos lo único que hacían eran dar el partido por perdido, la pelea por finalizada.

No. Para nada. Se negaba a que su cabeza jugara en su contra. La necesitaba para pensar. Y pensó que lo mejor sería dejar de llamar una y otra vez al teléfono de Rosario. No quería tener que explicarse a sí mismo que mientras Ella estaba en peligro, él se pasó todo el rato escuchando esa voz desconocida y tan familiar a la vez. Sin intentar nada más. Sin hacer nada desesperado. Sin probar un lanzamiento desde mitad de la pista, aun sabiendo que era una cosa de locos plantearse siquiera que el balón podía llegar a entrar.

¿Una cosa de locos?

¡Eso era! Ésa era la respuesta. Sí, sin duda aquélla era su única opción. Teodoro Calaf. Si alguien podía saber algo, si alguna persona podía darle alguna pista, era el antiguo miembro de la RISA. Podía funcionar o no, pero no tenía ninguna opción mejor.

Estaba decidido. Tenía que ir al hospital psiquiátrico Baudo y hacer una visita a Teodoro Calaf.

59. Una cucaracha con cuatro ruedas

El hospital estaba más lejos de lo que había imaginado y el autobús tardó una eternidad en llegar a la última y alejada parada del psiquiátrico. Cuando por fin bajó y vio aquel edificio gigante, envejecido y horrible, pensó que el que estaba loco era el que lo había diseñado. Era de un blanco sucio que ensuciaba un paisaje que se había contagiado de la decadencia de un bloque cuadrado y puntiagudo. Descampados por todas partes y carreteras enmarañadas que sólo servían para despistar la vista.

Mario respiró profundamente. Desde la parada del autobús parecía que el hospital estaba más cerca de lo que realmente estaba. Mientras se acercaba bajó un poco el ritmo. Tenía que ganar tiempo para pensar la mejor manera de entrar y hablar con Teodoro. Ahora se daba cuenta de que una vez más se había distraído con algo que no era importante. Durante todo el trayecto en autobús había estado preocupado por si el semáforo se ponía en rojo, por si había mucho tráfico, por si estaba tardando demasiado, por si habría sido buena idea, por si Sofía estaba en apuros..., todo menos pensar en cómo conseguir que le dejaran ver a Teodoro Calaf. ¿Sería tan sencillo como decir: «Hola, vengo de visita»? No tenía ni idea. Pero debía tomar una decisión. No podía plantarse en el hospital y empezar a dudar y a balbucear y a no saber ni qué decir, no fuera que terminaran pensando que se le había ido la cabeza a él también y acabara en una de esas celdas que se imaginaba acolchadas, blancas y con una persona en una esquina, vestida con una elegante camisa de fuerza y diciendo cosas extrañas acerca del fin del mundo y la condena de toda la raza humana.

Mientras forzaba a su cabeza para que se diera prisa y se esforzaba para que sus pies no empezaran a correr, se fijó en que un coche se acercaba hasta la entrada. Se abrieron las puertas del hospital y salieron tres personas. Dos hombres, vestidos con traje negro y una mujer. Pero esa mujer… no era una mujer cualquiera. ¡Era Rosario! Seguro. No estaba tan lejos como para no reconocerla. Mario se detuvo. Rosario entró en el coche. ¿Qué estaba haciendo en el hospital psiquiátrico, o mejor dicho, qué había estado haciendo?

60. Confundirse entre la confusión

El coche negro arrancó, desapareció y Mario empezó a hacerse un millón de preguntas. La mayoría de las respuestas que era capaz de dar o imaginar eran tan negras y oscuras como los trajes de aquellos hombres.

¿Estaban secuestrando a Rosario? No, no lo parecía; en ningún momento se resistió o intentó escapar. Tampoco vio que la estuvieran apuntando con una pistola, aunque era verdad que estaba demasiado lejos como para haber visto una pistola. Pero entonces... ¿serían policías esos tipos tan siniestros? ¿Serían del equipo de Rosario? ¿Por qué había ido a ver a su padre? ¿Tendría alguna pista? ¿Sabría que Sofía estaba en peligro? ¿Sería buena idea llamarla para ver si le cogía el teléfono?

¡Basta de preguntas!

Tenía que seguir con su plan. Ésa era la única respuesta. Si ella había ido a visitar a su padre, mejor, porque así Teodoro tendría más información, sabría más cosas y le podría ayudar a seguir los pasos de la investigación de Rosario.

Además, se le ocurrió que la visita de la inspectora

le podría servir a él para conseguir la suya. Ahora sí. Ya tenía un plan para entrar, ir directo al mostrador de recepción y decir con seguridad al hombre que asomaba una cabeza pequeña y afilada:

—Hola, buenos días. He quedado aquí con la inspectora Calaf y su equipo y acabo de ver que…

—¿Perdón?

Vaya. El hombre escaló un poco sobre sí mismo y le clavó unos ojillos de ratón, descolocados por algo que no acababa de entender. Mario insistió.

—Sí, hace un momento ha salido una mujer, la inspectora Calaf… acompañada de dos hombres…

—Huy, huy, huy…, chico, creo que te estás confundiendo. De aquí no ha salido nadie.

Mario no podía creer lo que estaba oyendo. ¡La acababa de ver!

—No hace ni dos minutos… He visto que…

—Mira, chico…, estoy aquí desde las nueve de la mañana. Llevo un exhaustivo control de las entradas y de las salidas, y te digo que de aquí no ha salido nadie hace dos minutos, porque si no yo lo tendría apuntado aquí, ¿ves? Lo tengo todo apuntado aquí.

Del mostrador emergieron dos brazos cortos, rechonchos y con pelos negros que se encaramaban por el reloj dorado que el recepcionista lucía en la muñeca. Con seguridad, le mostró unos papeles repletos de cuadrículas en las que se suponía que estaban garabateadas las entradas y las salidas.

—No ha salido nadie. Sí que es verdad que ha entrado una mujer, Sofía de Andrés. Ha entrado sola y aún no ha salido.

—¿Sofía de Andrés? ¿Una mujer?

Algo no encajaba. Pero entendió que la Sofía a la que se refería el conserje no era «su» Sofía, sino que era Calaf de incógnito. ¿Por qué habría usado el nombre de Sofía? La cosa se ponía delirante y no encajaba. Cierto. Para nada. Pero si quería entrar, tenía que recomponer su plan. Jugar al delirio. Confundir, confundirse entre la confusión. Era la única manera. Estaba seguro.

—Eso. ¿Qué le he dicho?

—Calaf. Me has dicho Calaf. No De Andrés. Si tengo buena memoria para algo, es para los nombres —dijo dibujando una sonrisa burlona y cerrando levemente los ojos.

—Ah..., claro..., es que quería decir De Andrés Calaf, se llama así. Jo, perdón, es que me he confundido. Últimamente...

—Ah, bueno, chico. No pasa nada. No todo el mundo puede ser bueno para los nombres —y apuntilló sus palabras con un casi ridículo guiño de ojo, y Mario entendió que al reconocer su propio error había despertado en el conserje una brizna de simpatía—. Vale, chico, entonces, ¿a quién vienes a ver?

Mario se sentía como en un videojuego, delante de una prueba en la que es necesario convencer a un oráculo enloquecido para seguir avanzando y superar el nivel.

—A Teodoro Calaf...

El conserje asintió con la cabeza y se amorró al ordenador. Mario pensó que estaba ya muy cerca de conseguirlo y quiso añadir:

—Es que estamos haciendo un trabajo para el instituto...

Mal. Muy mal. ¿Por qué había hablado? ¿Por qué se había relajado? Si sabía que Sofía no era Sofía, si sabía que era Rosario…

El conserje sacó la cara de la pantalla del ordenador y le miró fijamente.

—Pues Sofía es un poco mayor para estudiar en el instituto, ¿no?

—Ah…, no, claro…, ella…

Pensó, pensó, pensó… rápido.

—Es la profesora. Es que hemos quedado aquí.

—¡Ah, claro!, la profesora. Bien, bien… Por un momento he pensado que… Bueno, a ver…, vamos a ver si… Vaya trabajos más raros os ponen hoy en día…

Mario se forzó para esbozar algo que pretendía ser una sonrisa. No le salió muy bien, pero coló.

—Sí, chico. Pon tu nombre aquí y espera en la sala. En seguida vendrán a buscarte para llevarte con tu profesora y el señor Teodoro.

Uf…, por poco. ¿Prueba superada?

61. Distinguir entre unos y otros

No tuvo que esperar demasiado, así que tampoco tuvo tiempo para plantearse si todo había salido demasiado bien. Como en esas ocasiones en las que te dan la razón para que te confíes y no sospeches que lo que en realidad están haciendo es llamar a la policía. No. No tuvo tiempo para eso. Porque en seguida una enfermera le fue a buscar y le dedicó una amable y enorme sonrisa:

—¿Eres tú el chico del trabajo del instituto? —dijo ella, con una voz suave, alegre, y con una clara vocación de hacer sentir bien a la gente.

—Sí… —dijo sin demasiada convicción Mario, que no quería que le preguntaran demasiadas cosas de ese trabajo por si le pillaban en la mentira.

—Me llamo Pilar y estaré aquí para lo que necesites. Si hay algo en lo que pueda ayudarte para hacer ese trabajo, no lo dudes: pregúntamelo.

—Gracias —contestó Mario haciendo una mueca que pretendía ser de niño bueno, tímido y aplicado.

—Eso sí, cuando vea a tu profesora…

La enfermera se calló un momento para que Mario dijera:

—Mario, me llamo Mario.

—Pues cuando vea a tu profesora, Mario, voy a tener que llamarle la atención. Me sabe mal, pero tendría que habernos avisado de que vendrían alumnos al centro. Hubiéramos preparado algo, no sé..., pero no se puede presentar uno aquí y pensar que puede pasearse a su antojo. No lo digo por ti, bonito, lo digo porque no es la primera vez que los colegios no nos avisan. Bueno, voy a dejar de quejarme. Tú no tienes la culpa. Pero la próxima vez que tengáis que hacer un trabajo tendríais que avisar un poco antes. Eso es todo. Ya se lo diré a la profesora cuando la vea. Ha de llegar ahora, ¿no? Porque Teodoro está solo.

Mario, aturdido por la verborrea de aquella mujer, asintió con un sonido más parecido a un rebuzno que a una respuesta inteligente. Y entendió que la pobre mujer se había hecho un lío con la historia que le había contado el conserje, que a su vez también se había hecho un lío al no acabar de entender todo aquel rollo del trabajo. En fin, Mario no sabía cómo, pero lo que estaba claro era que su teoría de confundirse entre la confusión había funcionado. Ahora, lo importante era no llamar la atención. No hablar de más. No dar material a la enfermera para que empezara a hacer preguntas que le llevaran a entender que Mario no sólo estaba mintiendo, sino que además estaba dejando que los demás participaran en la construcción de esa confusa mentira, abusando de su buena voluntad.

Así que calló, se hizo el tímido y dejó hablar a la enfermera de mil temas que a él no le interesaban mientras le dirigía por unos pasillos blancos, con puertas marrones coronadas por números rojos. Todo tenía el aspecto frío e impersonal de un hotel feo de costa más que de un psiquiátrico bonito de ciudad, si es que hay hospitales bonitos en algún lugar.

Algunos médicos. Algunos pacientes. Pasos de zuecos. Retumbar de toses secas. Un olor extraño, como si no oliese a nada. Ni tan siquiera a limpieza. A Mario aquel lugar le ponía nervioso.

Al final, una puerta de doble hoja, enrejada, metálica y pesada, les presentó un inmenso patio con un cuidado jardín que rodeaba una fuente sin demasiado estilo y con muchos azulejos, pero en la que borboteaba el ruido del agua contra el agua, dándole a todo una luz especial, un color más agradable y reposado que, sumado al sol de mediodía, arreglaba un poco lo que la arquitectura había estropeado. Había mesas y sillas y visitas y más pacientes, pacientes por todas partes y visitas sólo en algunas. Muchos internos estaban solos, simplemente mirando al infinito, o paseando en círculos minúsculos o en circunferencias enormes. A Mario le costaba distinguir entre unos y otros.

También le costó distinguir a Teodoro. Ya no iba con su traje negro, ni con su sombrero, ni estaba en el escenario de un teatro en ruinas gesticulando alegremente. Estaba solo. Sentado en una silla de plástico, acurrucado en una de las sombras que proyectaba el edificio. Vestía una bata de algo parecido al gris, iba despeinado y tenía la cara pensativa y larga, apoyada en el puño de su mano.

—Allí está el señor Teodoro Calaf, es ése, el que está sentado ahí —dijo la enfermera señalando al paciente desde lejos, teniendo claro que Mario no sabía quién era Teodoro.

—Ah…, bien —fue otra de las respuestas de Mario, que sabía que era mejor parecer tonto que pasarse de listo.

—Pero dime una cosa…

Atención. Peligro. Se puso en posición de defensa. Aquel «pero dime una cosa» no pronosticaba nada bueno.

—El señor Teodoro Calaf hace bastante, bastante tiempo que apenas recibe visitas. Que yo recuerde… una o dos… ¿Por qué la profesora quiere que le entrevistéis precisamente a él?

—Es que el trabajo va de los pacientes que no reciben apenas visitas.

Guau. Qué reflejos. Mario se sorprendió a sí mismo contestando aquella frase de una manera ágil y sin dudar. Un golpe seco. Pilar no tuvo más remedio que decir:

—Ah, claro, qué interesante. Pues bueno, yo ahora…, lo siento mucho, tengo que dejarte porque tengo otros asuntos que atender, pero si me necesitas, pregunta por mí en recepción o a alguno de los enfermeros que hay por el patio. No lo dudes. Ya sabes, estoy aquí para lo que necesites…

Mario asintió y se fue directo a hablar con Teodoro Calaf, que cuando vio que por fin tenía una visita empezó a reír como si le hubiera tocado la lotería.

62. Inventarse la risa

Mario llegó a la conclusión de que Teodoro era como un gato. Guardaba su energía para los momentos importantes, pero si no había momentos importantes, se limitaba a estar en reposo, tranquilo, simplemente sentado y esperando a que llegara la ocasión para estar al cien por cien. Al parecer, la visita de Mario era uno de esos momentos importantes y Mario se alegró de ver cómo Teodoro se levantaba de un salto, sin parar de reír, le daba la mano, molestaba a una visita para pedirle una silla y, acto seguido, la arrastraba para ofrecérsela diciendo:

—¡Cuánto tiempo! Cómo tú por aquí. Siéntate, por favor. Siéntate. Eres mi invitado y a los invitados hay que tratarlos con la máxima educación, ¡con la máxima! ¿Te gusta mi casa? Ja, ja, ja... Bueno, ya ves que tengo muchos inquilinos por aquí, pero no lo dudes..., ésta es mi casa y...

—Perdone que le corte, pero no tengo mucho tiempo. No sé qué, pero algo está llegando al final, al final de algo y no quiero llegar tarde.

Cualquiera que le hubiera oído hubiera pensado que

el loco era él. No le importaba. No había tiempo. Ésa era la verdad. Sí, le hubiera encantado hacerle una visita tranquila y relajada, charlar un rato con aquel hombre que le despertaba una simpatía enorme. No sabía explicar la razón. Era así. Sin embargo, ahora tenía otras preocupaciones. Una en concreto: Sofía. Ésa era su máxima preocupación. Ella. ¿Estaría bien? ¿Dónde se había metido? ¿Estaba perdiendo demasiado tiempo?

No podía seguir dudando. Tenía que averiguar si Teodoro sabía algo. Simplemente. Tenía que saber si aquel hombre podía llevarle hasta Sofía. Y no permitiría que nada ni nadie le cortara.

—Teodoro…

—¿Cómo va la investigación? ¿Ya sabes quién inventó el chiste? —le cortó Teodoro, que ahora no reía. Ni parecía un loco. Para nada. Miraba con unos ojos encendidos de astucia, con una cara apretada por un pensamiento claro y brillante—. No hace falta que pongas esa cara. Estoy aquí, pero no estoy loco. A veces, hacerse el loco es la mejor manera de sobrevivir. Es, digamos, un escondite. Decía el filósofo que la vida es tan terrible que el ser humano tuvo que inventarse la risa. ¿Un invento? ¿Un refugio? Da igual. Éste es mi escondite. No está mal. Podría estar muerto, o peor aún, podrían haber hecho daño a las personas que son la razón de mi vida…, eso es peor, porque te matan en vida. Prefiero que los demás piensen que estoy loco, la verdad, me parece más sensato. Mi amigo Pons no pensaba lo mismo. Quería llegar hasta el fondo del asunto y ahora…

—No vengo a que me cuente cosas de la RISA. Es que creo que Sofía está en el mismo peligro en el que estuvo Pons y…

Mario se lo contó todo y Teodoro no se mostró demasiado sorprendido hasta que oyó:

—Pero es que he visto salir de aquí a Rosario. Pensaba que había venido a visitarle. O a buscar alguna pista.

—¿Estás seguro? ¿Estás seguro de que viste a mi hija subirse a un coche negro? ¿Acompañada de dos hombres vestidos de negro?

—Sí. Estoy seguro.

—Tenemos que irnos. Creo que sé dónde están las dos.

—Pero… no podemos irnos.

—Tú espérame fuera. Es una orden.

Y Teodoro se levantó de la silla y desapareció del patio, dejando a Mario con una sola opción: esperarle fuera.

63. Acabar en una ambulancia

Tuvo suerte. Pudo salir del hospital sin cruzarse con la enfermera Pilar y así ahorrarse un montón de explicaciones que no tenía. Al pasar por recepción, mantuvo la serenidad y fue todo lo natural que en aquellos momentos podía ser, aunque no sabía muy bien qué decir:

—¿Ya te vas? —preguntó el conserje irguiendo su cuerpo por encima del mostrador.

—No, no…, es que voy a esperar a… Bueno, el señor Teodoro tenía que… hacer algo y yo voy a esperar a los otros compañeros fuera. Me temo que al final me he adelantado un poco y…

—¿Van a venir más alumnos? Bueno —dijo alargando las sílabas—. Pues si quieres puedes advertir a tu profesora de que le va a caer una buena bronca de Pilar. No le gusta que no la avisen…

—Ya —contestó Mario, sonriendo a la sonrisa divertida del conserje y saliendo del hospital.

Una vez fuera se dedicó a mirar a izquierda y derecha, como si Teodoro tuviese que aparecer volando o teletransportado desde alguna nave espacial. En ningún momento se planteó que pudiera salir por la puerta como si nada. Bueno, tal vez, si se disfrazaba o algo por el estilo, pensaba Mario, podría fugarse y burlar todos los controles y todas las miradas que le reconocerían al instante. Si conseguía ser discreto, no llamar la atención y camuflarse entre el flujo de visitas, pacientes y enfermeros…, tal vez, sólo tal vez, tendría la posibilidad de salir y llevarle hasta donde estaba Sofía. Sí, Teodoro tendría que ser muy discreto y muy sigiloso.

¿Una ambulancia? ¿Una sirena? ¿De dónde venía? Se estaba acercando. Sí, podía oírla perfectamente. Cada vez con más intensidad, más aguda, más frenética.

¿Por dónde?

Aquel ruido histérico y cantarín le estaba dejando sordo, cada vez más. Mario buscó con la mirada. Sabía que tenía que aparecer la ambulancia. Y… allí estaba. Venía directa hacia él y se detuvo justo a su lado. Se abrió la puerta del copiloto y Mario pudo ver a Teodoro, vestido con la misma bata de algo parecido al gris y ocupando el asiento del conductor.

—Vamos, chico, tenemos que llegar a una urgencia.

Mario subió a la ambulancia y miró a Teodoro.

—¿Qué pasa? Ah, ya sé, siempre habías pensado que este caso acabaría así, contigo metido en una ambulancia, ¿verdad?

64. Los nombres y los pigmeos

Mario no contestó, estaba alucinando. Estar allí, montado en una ambulancia con un conductor en zapatillas de andar por casa era demasiado como para contestar. En teoría también era demasiado como para hablar, pero Teodoro, con los ojos fijos en la carretera y las manos bien amarradas al volante, empezó a hacerlo a la vez que esquivaba coches, semáforos, motos, pasos de cebra y todo lo que se le pusiera delante.

—No deberías poner esa cara —dijo Teodoro—, hay muchas personas en este hospital que me deben favores y bueno…, me han dejado el coche. Y la verdad, cuando tienes prisa, este modelo va muy bien, un poco ruidoso pero va muy bien. Te ahorras algo de tráfico y la gente sólo se pregunta adónde irás o dónde pararás. Es como el concurso ese de la ruleta de la fortuna que a veces vemos en el hospital, pero lo que está en juego es la fatalidad. Bueno, yo ya sé lo que quiero decir.

—¿Y adónde vamos? —preguntó Mario, con los ojos tan abiertos que en lugar de pupilas parecía que tuviese videocámaras.

No quería perderse ni un solo detalle, quería recordar para siempre lo que se sentía al estar en el centro del corazón de la sirena.

—A tu colegio —contestó arrancando la ambulancia—. Ponte el cinturón.

—¿A mi colegio?

—Sí. Piensa un poco. Tú me has contado toda la historia, desde tu punto de vista, pero más o menos ya tienes todos los ingredientes para llegar al fondo de este asunto.

Mario se quedó en silencio. No sabía qué decir. No sabía si había hecho bien en confiar en un… ¿loco? ¿O tal vez era el propio Mario quien estaba haciendo la locura de creerle?

—Los nombres son una manera de presentarnos a la sociedad. Son magia pura, como una risa secreta que ni uno mismo entiende. Yo le doy mucho valor a los nombres. Las cosas se llaman como se llaman por alguna razón. ¿Acaso las naranjas se llamarían naranjas si fueran del color del limón? No. Para nada, para nada. Entonces las naranjas se llamarían narmones y los limones… liranjos, ¿no? Es lógico. ¿Me sigues?

No. Claro que no le seguía. Por supuesto que no le seguía. Hacía poco que conocía a Teodoro y ya sabía que era mejor no hacer preguntas, no tratar de seguirle, sino simplemente dejarle hablar y que fuera él quien fuera conectando las cosas hasta llegar a algún lugar en el que un humano común pudiese entenderlo.

—Los nombres siempre esconden algo. Algo importante. A veces un secreto, a veces una maldición. En eso se parecen a las bromas. Se parecen mucho a las bromas. Porque las bromas también ocultan siempre algo. A veces un enfado que uno no se atreve a expresar en serio, a veces una declaración de amor, o de guerra. Las bromas siempre se dicen en serio. Son muy, pero que muy serias. Eso lo saben los pigmeos. ¿Sabes que los pigmeos son el pueblo que más palabras tiene para definir los distintos tipos de risa? Sí... ¡Huy! Ese coche..., un poco más y nos lo comemos. No sufras, nosotros somos la ambulancia... Bueno, pues igual que ocurre con los esquimales y la nieve, ocurre con los pigmeos y la risa. Pero los pigmeos son más listos. Y si son más listos es porque han tenido que sobrevivir, y lo hicieron como te dije antes... con la risa. ¿Te lo he dicho o no? Sí..., eso... Vaya, aquí no podemos colarnos, tendremos que esperar a que se aparten. Mira cómo se apartan todos los coches. Es maravilloso. Todos nos quieren ayudar. ¿Te he dicho eso del filósofo alemán que dijo que tuvimos que inventarnos la risa? Sí, sabía que te lo había dicho. Yo creo que los pigmeos inventaron la risa. En África se reían mucho de ellos. Todos. Todas las tribus. Como son tan bajitos..., pues claro, todos se meten con el más bajito. Y ellos se ríen. Han aprendido a reír de tal manera que dicen que si te cuentan algo gracioso y no te caes al suelo, es que no has entendido el chiste. Sí, ellos se caen al suelo de la risa. Es un espectáculo ver reír a un pigmeo. Un espectáculo increíble. Así que ya lo tienes. Los nombres y los pigmeos te ayudarán a resolver este caso. Es así. Piensa, piensa un poco, Mario. O mejor aún, no pienses. No pienses en absoluto. Simplemente contesta. Acertarás. Vamos. Si en el fondo siempre lo has sospechado. Al final, una vez leí en un libro de esos que en teoría están hechos para jóvenes y los acabamos leyendo los viejos como yo…, sí, de esos que tienen portadas con unicornios y minotauros y cosas así… Bueno, en uno de esos libros leí que la verdad es lo que imaginas. ¡La verdad es lo que imaginas! Es una regla de oro. Eso debería presidir todos los actos de tu vida. No pienses. Imagina. ¿Sabes de qué libro hablo? Bueno, da igual. Lo que te digo es que en el fondo del fondo del fondo del fondo… lo sabes. Ya lo sabes todo.

—¡No es verdad! —interrumpió Mario, agobiado por la presión a que le estaba sometiendo Teodoro.

—¡No es verdad! —contestó chillando, de repente, imitando el tono de voz casi agudo que le había salido a Mario y haciendo que éste se sorprendiera y diera un bote en su asiento—. Ja, ja, ja… —rió Teodoro ante esa reacción—. ¡No te asustes, hombre! Era una broma, tan serio como eso. Mira, Pons estaba investigando. No era profesor. A día de hoy aún no sé exactamente qué era. ¿Periodista? ¿Policía? ¿Detective privado? ¿Un simple chiflado amante de las conspiraciones secretas que por fin había encontrado una que parecía cierta y que podía demostrar? Y yo qué sé… Nunca me lo dijo. Lo único que sé es que contactó conmigo y me contó… —un pequeño volantazo ante un coche que dudó entre apartarse hacia la derecha o hacia la izquierda—. Me contó lo que había averiguado y me dijo que sospechaba que en tu instituto estaba la clave de todo, que allí encontraría la respuesta, pero que le habían descubierto. Que irían a por él. Yo le había advertido. Le dije que se estaba metiendo en líos, que era mejor dejar el caso, que pensara en lo que me había ocurrido a mí, por ejemplo. Con esa gente es mejor no meterse. Pero a Pons no le importaba demasiado lo que yo le dijera. Sólo quería saber más cosas de la RISA. Quería que se lo contara todo. Estaba convencido de que la RISA había vuelto, que lo había hecho con fuerza, y que había caído en malas manos, en muy malas manos. Concretamente en las pezuñas del Mono. No, no pongas esa cara. Ya en mi época, cuando los miembros de la RISA nos reuníamos, lo hacíamos de incógnito. Nos poníamos nombres y nos ocultábamos con máscaras. Cada uno escogía la suya. Era la mejor manera de protegernos. De protegernos los unos de los otros, porque nunca podías estar seguro de que aquel que se sentaba a tu lado y reía tus chistes y tus ocurrencias no fuera, en realidad, un espía, un enemigo o un periodista con ganas de descubrirnos, de sacarnos a la luz. Teníamos que andar con mucho cuidado. Aunque nunca se va con suficiente cuidado. Siempre hay fugas de información. Siempre hay traidores. A mí me pasó. Yo pensé que podría separarme de la RISA. Pensé que podría dejarlo y seguir con mi vida. No. Mi vida se había acabado. Pons me dijo que tenía la manera de seguir con la investigación si le pasaba algo. Yo le pregunté: «¿Después de muerto?» Y él me dijo: «Sí, después de muerto». Supongo que por eso lo del chiste. Por eso lo de descubrir quién estaba detrás del chiste, quién lo había… fabricado, como decíamos en mi época. Era otra época, de acuerdo, aún trabajábamos para gobiernos legítimos. Ahora, el Mono al parecer alquila sus servicios. Es un mercenario de la risa. Pero

Mario, ¿quién es el Mono? ¿Quién dirige la RISA? Busca en los nombres y en los pigmeos. A esa clase de gente siempre la delatan sus ganas de dejar pistas, pues creen que ellos son tan listos que nadie los descubrirá. Yo los he descubierto. Pons, casi. Tu amiga creo que también, si no, no hubiera desaparecido. Mi hija, por supuesto. Es mi hija. Por eso vino, para intentar verme, supongo. Tendría algún plan. Ya nos contará cuál. ¿Y tú? Vamos. No pienses. Deletrea. Vamos, chico. Estamos a punto de llegar y si no lo descubres no te dejaré bajar de esta ambulancia. Volveré por donde hemos venido y me meteré en mi habitación.

—¡No podemos volver! ¿Y si están en peligro?

—Por eso va a ser necesario que contestes. Que descubras quién es el Mono, quién dirige la RISA. Vamos, mira. Ahí está tu instituto. Tienes..., va, voy a ponértelo fácil. Un intento. Estoy seguro de que no vas a necesitar más.

65. Donde termina este chiste

Mario se quedó tan sorprendido que le costó, a pesar de todo, entender que no se trataba de ninguna broma. ¡Iba en serio! Tal vez en ese mismo momento ese tal Mono estaba torturando a Sofía y a Rosario y ese hombre estaba ahí, con su bata y con sus zapatillas de andar por casa, sonriendo de oreja a oreja y diciendo: «Vamos, lo sabes, vamos, no pienses». ¿No pienses? Ahí sí que tenía razón Teodoro. Realmente Mario no sabía qué pensar. Ni por dónde ir. Menudo juego de adivinanzas. Estaba enfadado.

—No sé de qué va todo esto. Pero paso, tío. Me voy.

Mario intentó abrir la puerta de la ambulancia. Intentó, porque no pudo. ¿Le habían secuestrado? ¿El Mono era el propio Teodoro? No…, era imposible… que…

—Ja, ja, ja…, qué gracioso es ver a un chaval de tu edad intentando hacer trampas. No, esto no es como los videojuegos. Aquí, si la partida te va mal, no puedes apagar y volver a empezar. La partida es como es. Si no te gusta, lo siento. Pero de aquí no vas a salir.

—¿Es usted? ¿El Mono es usted? —dijo inconscientemente, sin creer que la respuesta a esa pregunta fuera afirmativa, o sin querer creerlo, casi probando fortuna.

—¿Yo? ¿Eso es lo único que se te ocurre? Tío, como dices tú… Pero si te he dicho que lo sabes desde el principio, que lo has sospechado siempre. Digo yo que si siempre hubieses sospechado de mí no hubieras venido a buscarme. Muy mal. *Game over,* chaval.

Y Teodoro puso en marcha la ambulancia, sin la sirena, eso sí, y empezó a dar media vuelta.

—No, no. Espere, espere —suplicó Mario, entendiendo que había dicho una auténtica estupidez de la que se arrepentía y lanzándose hasta agarrar el volante, como si ese gesto fuera suficiente para que Teodoro parase la ambulancia—. No, vale, lo retiro. Yo siempre he sospechado del director. No sé, desde que vino hace unos tres años no me ha dado buen rollo. Pero dudo que el señor Ricardo sea el Mono… Sí, es bajito como los pigmeos. Cuando antes me ha dicho eso de los pigmeos he pensado en él, pero… lo del nombre…, Ricardo… Santos. Ri-Sa. ¡Jo! ¡Es él! Ricardo Santos. Ri-Sa. Es él. ¡Pare la ambulancia! Todo encaja…, es él.

—¡Premio! ¿Ves? A veces hay que dejar de pensar para que las ideas fluyan, simplemente fluyan. Pons sospechó de él desde un principio. Pero necesitaba pruebas. Necesitaba descubrirle del todo…

—¿Usted lo sabía?

—Claro. Claro que lo sabía.

—¿Y por qué no me lo dijo?

—Nunca me lo preguntaste, primero. Y segundo, no me gustó que Pons os metiera en esto.

—¿Por qué nosotros? —preguntó Mario deseando bajar de una vez de la ambulancia, pero queriendo también escuchar la respuesta.

—Según me dijo Pons, tú eres el que más sentido del humor tiene de toda la escuela y un bocazas al que era fácil pillar explicando el chiste.

—¿Estaba todo planeado? Pero si yo…

—Era muy sencillo… Luego te lo explico. Debemos llegar a los sótanos del colegio… Allí es donde termina este chiste.

66. El factor sorpresa

Era sábado. El funeral por el profesor Pons había terminado. La puerta estaba abierta. Vía libre. Menos mal. Si se hubieran cruzado con alguien, con el extrañísimo aspecto de Teodoro... Mario dejó de pensar en ello en seguida. En realidad le encantaba esa elegancia de Teodoro, esa misma que tienen los reyes en el exilio, los príncipes destronados o los héroes caídos. Le fascinaba la autenticidad de aquel hombre y haberse dado cuenta de que hay personas que incluso yendo en bata y zapatillas siguen manteniendo su grandeza.

—¿Dónde te encontró el director? ¿Dónde te pillaron explicando el chiste?

—Junto a la puerta de la sala de mantenimiento. Es por aquí.

Allí empezó todo. Allí fue donde le contó el chiste a Sofía con la única intención de que ella riera, de que riera de verdad. Y es que verla desternillarse a su lado era lo máximo a lo que había aspirado durante mucho tiempo. Ya no. Algo había cambiado. No podía decir el qué, pero ya no se conformaba. Ni tenía miedo. Sólo sabía que se había cansado de vivir en la frontera de su amistad.

—Vamos, entremos. Seguro que es por aquí —dijo Teodoro.

Al abrir la puerta descubrieron una pequeña sala llena de utensilios de limpieza apoyados en un gran armario de chapa en el que se suponía que habría más utensilios de limpieza.

—No parece que...

Mario no pudo terminar la frase. Teodoro abrió el armario y apareció un estrecho pasillo por el que descendían unas escaleras metálicas rodeadas de una basta pared de piedra.

—¿Y esto? —preguntó Mario sin poder creer lo que había dentro del armario.

—Supongo que esto son los famosos pasillos de este instituto. ¿Nunca has oído historias de que debajo del colegio hay unos pasillos que conectan con la iglesia que hay cuatro manzanas más arriba?

—Sí, bueno..., yo creía que eran rumores...

—Ay, amigo mío, aprende que los rumores son como las bromas. Hay algo de misterio en ellos. Tal vez sólo maldad, pero la maldad puede decirnos tantas cosas... Venga, vamos. No tenemos tiempo para filosofar.

Con cuidado de no tropezar, Mario dejó que fuera Teodoro quien abriera el camino, que se iba oscureciendo poco a poco hasta oscurecerse del todo. De lejos llegaba el resplandor de una pequeña luz. Sólo eso.

—¿No sería mejor llamar a la policía? —preguntó Mario entre susurros.

—¿Por qué? No estamos haciendo nada malo.

Por supuesto, Mario no entendió la respuesta de Teodoro. Lo que comprendió perfectamente fue que no iban a llamar a nadie. Pero él sacó el móvil para alumbrarse con la luz de la pantalla. Fue en ese momento cuando empezó a sonar una risita histérica que rebotaba por la piedra y llegaba distorsionada hasta ellos.

—No me gusta, no me gusta nada.

Justo entonces Mario empezó a oler el aire y le recordó un poco al olor que había notado cuando se dirigía a la sala de profesores. Pero había algo distinto en él. Era más… suave. Más perfumado tal vez. Y, sobre todo, en lugar de metérsele por la nariz, haciendo que le picara y le dieran unas falsas ganas de reír, se le metía por la garganta y le hacía toser.

—No me gusta nada, no, señor —insistió Teodoro—. ¿Ésa que se ríe es tu amiga?

Mario se detuvo y escuchó cómo aquella risa cada vez se desesperaba más, se revolcaba más en sí misma. ¿Era Sofía? No podía saberlo. Parecía…, pero no podía estar seguro.

—No lo sé… Parece… pero….

Teodoro aceleró el paso.

La luz cada vez estaba más cerca. Ya podía ver de dónde salía: de una puerta con un cristal translúcido. Habían llegado.

—Ponte a un lado o nos verán desde dentro y perderemos el factor sorpresa. Y ya sabes que sin factor sorpresa el chiste pierde la gracia.

La risa ya no rebotaba, les llegaba directa, y a Mario, ahora, sí que le parecía la de Sofía. Y sí que le pareció que la estuvieran torturando. Y sí que temió que acabara como Pons. Y no sabía qué hacer. Hasta que Teodoro, recurriendo al mismo factor sorpresa del que acababa de hablar, tiró la puerta abajo y Mario pudo ver…

¿Qué era aquello? ¿Un chiste?

67. Algo inesperado

Mario tuvo que cerrar los ojos y volver a abrirlos para asegurarse de que aquello no era una broma de mal gusto.

Allí, en mitad de una especie de cueva, alumbrada por un horroroso fluorescente que escupía una deprimente luz amarillenta, estaban Sofía, Rosario y un tipo vestido con traje y con una máscara de mono.

Hasta aquí todo parecía encajar, de una manera extraña, pero encajaba. Mientras recorría el pasillo a oscuras, con Teodoro deslizando sus zapatillas por algo parecido a una gravilla desgastada, Mario había imaginado una escena así. No había imaginado un lugar con miles de tubos de ensayo en mesas repletas de utensilios de laboratorio, ni con máquinas con luces que bailaban al compás de ligeros pitidos, ni con una puerta que diera paso a algo parecido a una pecera de cristal sin peces y sin agua y en la que cabía una persona de pie y poco más. No había imaginado exactamente todo esto, pero algo así, sí. Lo que no había imaginado era que no hubiera peligro para las que se suponía eran las víctimas.

El hombre con la máscara de mono estaba atado a una silla de despacho y parecía que ya se había resignado a no poder escapar. En cambio, Rosario y Sofía estaban libres. Sofía se revolcaba por el suelo y Rosario la miraba con cara de pocos amigos.

—¿Papá? —dijo desatendiendo a Sofía, que se tiró por el suelo como un pigmeo que acaba de entender un chiste.

—Hola, Rosario.

Fue un saludo frío, pero Mario ni se fijó en eso. Sólo tenía ojos para ver cómo Sofía se ahogaba en el suelo.

—¿Qué le pasa?

—Pregúntaselo al Mono —dijo Rosario con un tono agresivo y señalando al hombre enmascarado como si pudiera mover el viento y lanzarle una ráfaga mortal.

—Te lo dije, te dije que me dejaras marchar o ella probaría mi último invento. No me has hecho caso. Ja, ja, ja… —sin duda, la voz que sonaba bajo la máscara era la del director Ricardo Santos—. Vaya, vaya, Teodoro Calaf —añadió.

—Señor Mono, buenas tardes —contestó Teodoro haciendo una inclinación con la cabeza.

—Sacadme de aquí y os diré cómo podéis salvar a Sofía. Si no, ya le he dicho a tu hija que la chica morirá.

—¿Qué? ¿Morirá? Dejémoslo. Que se vaya… —dijo Mario sin atreverse a hacer ningún movimiento, sin saber si tenía que permanecer clavado donde estaba o acercarse a Sofía.

—Mario, ¿crees de verdad que si le soltamos nos va a decir algo? Se irá y punto.

—Pero si no hacemos nada, morirá —insistió Mario, ahora sí, acercándose a Sofía y provocando que se riera aún más.

—Quédate donde estás —dijo Teodoro, apartando a Mario y arrodillándose para examinar a una Sofía que era incapaz de decir nada, de articular palabra alguna—. ¿Has conseguido la droga? —preguntó Teodoro al Mono.

—Es algo más que una droga, Papagayo.

—¿Papagayo? —preguntó Mario extrañado.

—Era mi nombre en clave... cuando estaba en activo —contestó Teodoro sin darle demasiada importancia.

—Era toda una leyenda... ¡El Papagayo! ¿Sabes que nadie de la organización se ha atrevido a usar de nuevo ese animal? Eras de los mejores... Pero preferiste traicionarnos.

—Ha sido la gente como tú quien ha traicionado a la RISA, querido señor Mono. Por eso me fui hace tantos años. Sabía que tal como iban las cosas, tarde o temprano acabaríamos drogando a adolescentes en laboratorios clandestinos. Y mira tú por dónde, resulta que no me equivocaba demasiado.

—¡Papagayo, Papagayo! Nunca has entendido nada de nada —se apresuró a contestar el Mono—. Esto que ves aquí puede ser la salvación de la humanidad. Tú lo sabes. ¡Lo sabes perfectamente! La risa cura. La risa puede ser la solución a los grandes males de la humanidad. ¡Si aprendiéramos a reírnos más de nosotros mismos…! Yo lo he hecho. No hará falta forzar la risa. Esto va a revolucionarlo todo. Estaremos en un completo paraíso. Riendo eternamente. ¿Te imaginas? ¡LA RISA ES EL PARAÍSO EN LA TIERRA! Y yo voy a ofrecer este paraíso a la gente. Soy un humanista. He dedicado tantos y tantos esfuerzos para conseguir una risa eterna… Vale, de acuerdo, por el momento tiene un ligerísimo fallo… Mi droga, como tú la llamas, Papagayo, mata. Pero no he tenido más tiempo. El metomentodo de Pons no paró hasta que lo detuve. Pum, así, como a Sofía. Yo no estaba haciendo daño a nadie. No había empezado mis experimentos con humanos. Los ensayos aún no habían salido bien, pero estaba cerca. Sólo necesitaba seguir trabajando un poquito más…, poder seguir investigando en paz, sin que ningún fisgón metiera sus narices en asuntos que no le interesaban. ¿Quién era Pons? Por favor…, sólo era un aficionado. Un aspirante a escritor de novelas policíacas que pensaba que si resolvía un caso de verdad podría escribirlo y lograr fama. Por eso se infiltró en el colegio… Mintió en su currículum y en todo. Era un insensato. En lugar de andar molestando debería haber usado la imaginación para escribir. Ése fue su problema. Un escritor que necesita vivir lo que escribe… Es como si un humorista necesitara vivir las situaciones graciosas que cuenta… ¡Maldita falta de imaginación!

Rosario se acercó al Mono y le sacó la máscara para descubrir una cara desencajada y de ojos desorbitados.

—Ya puedes amenazarme. No voy a decir ni a hacer nada hasta que me soltéis.

—Primero tú. ¿Cómo se puede detener esto? —dijo la inspectora casi escupiendo la pregunta.

—No, señorita. Las damas primero. Así que primero suéltame y luego te cuento todo lo que quieras saber —contestó el director.

—Soltémosle —suplicó Mario—. Sofía se está ahogando.

—No, espera un momento —intervino Teodoro—. Ya en mis tiempos en la RISA se hablaba de drogas parecidas. De los principios activos y todo eso. Muchos querían sintetizar drogas de ese tipo. Recuerdo que siempre pasaba lo mismo, que la gente moría o no eran del todo efectivas porque existían maneras de neutralizarlas...

Teodoro se quedó pensativo, buscando en su memoria para sacar, como un mago de la chistera, algún conejo blanco que les permitiera superar el punto sin retorno en el que se encontraban.

—¡Sí! ¡Eso es! Me acuerdo... Lo importante es detener al cerebro. Hay que sorprenderlo. Desconectarlo de la risa. Hacer que piense en otra cosa. Por ejemplo, algo triste.

—Por favor, Papagayo... No seas infantil. No, no lo vas a conseguir —dijo Ricardo Santos con un tono burlón, seguro de que el camino que estaban escogiendo no les llevaba a ninguna parte.

—¿Así que estoy en lo cierto? —contestó Teodoro, interpretando que el tono burlón del Mono era la señal de que se estaba acercando a una solución, o a algo parecido.

—Tú mismo. Te digo que no lo vas a conseguir.

Prueba a ver… Si no aciertas, sólo va a morir la chica, nada más. Así que ya ves…, no tienes demasiado que perder. Ja, ja, ja, ja.

—Mario. Haz algo. Tú la conoces. Haz algo inesperado. Algo que la desconecte. No sé… Algo como…

—Besarla —dijo Rosario.

—¿Besarla? —preguntó Mario, que no creía que ése fuera el mejor momento para enrollarse con Sofía.

—Sí, eso puede funcionar —contestó Teodoro—. Es divertido, inesperado y desconectará al cerebro de la risa. ¿Te acuerdas de lo que os dije en el escenario del teatro? Pues algo así, un simple beso puede hacer que las dos partes de su cerebro se enciendan y dejen de estar tan conectadas con la risa. Buena idea, Rosario.

—No funcionará —dijo el Mono, ahora ya mucho menos convencido.

—Depende del beso, ja, ja, ja… —contestó Teodoro, que volvía a lanzar una de sus sonoras carcajadas.

68. Saber besar

Todos mirando. Todos pendientes de él. Sólo faltaba que empezaran a cantar «que se besen, que se besen». Mario no tenía escapatoria. No había por dónde salir de ahí. No podía negarse. Tenía que ayudarla. Y, por supuesto, hubiera hecho cualquier cosa para ayudarla. Se hubiera lanzado de cabeza a cualquier peligro de una manera absolutamente inconsciente y temeraria, como quien se zambulle en un mar azul un día de invierno. Pero besarla... ¡Claro que tenía ganas! Pero no así, como si se tratara de una medicina, como si él fuera un curandero o un chamán.

—Bueno, chico —la voz de Teodoro sonó por encima de las carcajadas de Sofía—. ¿Vas a besarla tú o tendré que hacerlo yo? Ja, ja, ja... Mira que ya no tengo edad para eso... ¡Vamos! ¿Qué pasa? ¿No sabes? ¿Te da vergüenza? ¿No te gusta? Eres un socorrista. Nada más. Tienes que hacerlo. Tenemos que probar algo. Si tienes una idea mejor, dínosla. Pero mira, se está poniendo roja... No tiene buena pinta. No, señor. ¡Hazlo! Pero sin pensar. Piensas demasiado, Mario. Pi-en-sas de-ma-sia-do —dijo empujándole hacia Sofía—.

Saber besar es besar en el momento indicado. Chico, éste es el momento indicado.

¿Saber besar? Mario no sabía si sabía besar. ¿Cómo se sabía eso? Nadie se le había quejado hasta el momento, aunque tampoco es una de esas cosas de las que la gente se queja. Pero tampoco le habían felicitado. ¿Saber besar?

Mario se arrodilló ante ella y la agarró de los hombros. Ella le miró. Tenía los ojos llenos de lágrimas. Detrás del ataque de risa había un gesto de dolor, de no poder más. Y era verdad. No podía reír más o se colapsaría.

Sofía se agarraba el estómago con fuerza, como si le fueran a explotar las tripas. Él intentó mantenerla erguida, de rodillas, pero el cuerpo le flojeaba y se desparramaba en el suelo. Mario la sujetó como si le fuera a poner una de esas inyecciones que asustan sólo de ver el tamaño de la aguja. Tuvo que esforzarse mucho para que ella se estuviera quieta, para dejarse llevar por los movimientos espasmódicos de su cabeza, para mantenerse pegado a su boca. Pensó que tal vez acabaría mordiéndole y arrancándole los labios, pero siguió. Porque al fin y al cabo no se le ocurría mejor manera de perder los labios.

Ella bufó dentro de su boca y Mario casi se ahoga, pero aguanto y aguantó cerrando los ojos, deseando que aquel remedio tan poco habitual funcionara.

Funcionó.

Porque entonces notó que el cuerpo de ella se relajaba, se arqueaba hacia él, se volvía suave de nuevo, casi transparente sobre su tacto, y una de las lágrimas que la risa suspendía en sus ojos empezó a resbalarse por su mejilla hasta humedecer la comisura de la boca de Mario. Y en ese momento, él dejó de besarla y empezó ella, y Mario pensó que ella sí sabía besar, y sólo esperaba que ella pensara lo mismo de él.

69. Salvarme de vez en cuando

Rosario llamó a su jefe y rápidamente se presentaron varios coches de policía y una ambulancia. Se llevaron al director y a Teodoro, aunque antes de que pudieran subirlo a la ambulancia le dio un papel a su hija, y ella no lo abrió, no lo leyó, se limitó a decir:

—Puede que vaya a verte.

—Eso me haría gracia —contestó guiñando un ojo.

Luego, Rosario empezó a hablar con su jefe y Mario se quedó con Sofía a solas entre toda aquella maraña de policías y curiosos.

—Gracias —le dijo ella—. Me has salvado.

—¿Cómo sabías que…? —cambió de tema Mario, en parte porque quería saber cómo todos habían resuelto el caso antes que él y en parte porque se moría de vergüenza.

—Fue fácil. ¿Recuerdas la máscara de mono? ¿La que te hizo sospechar de mí?

—Sí… —contestó bajando la cabeza Mario.

—Pues la encontré en la taquilla de Ester. De tu amiga Ester.

—No es mi amiga.

—Bueno, pero te gusta..., en fin..., da igual. El caso es que yo siempre sospeché de que ella diera ese cambio tan radical de la noche a la mañana. ¿Te acuerdas de la bofetada que te dio porque ibas diciendo que le habías contagiado algo de inteligencia?

—Sí, lo recuerdo perfectamente.

—Pues... —Sofía se acercó a Mario hasta que sus hombros se tocaron—, pues yo, un poco celosa, por qué no reconocerlo delante de mi salvador —y le sacó la lengua mientras Mario no sabía dónde mirar—, siempre sospeché. Era muy raro. Sí, claro, la broma estaba bien. Va y resulta que Ester empieza a sacar buenas notas justo después de enrollarse contigo en esa maldita fiesta y tú, herido porque al final se había ido con otro, vas diciendo por ahí que has sido tú el que le ha contagiado la inteligencia. Es gracioso. Una buena defensa. Como siempre, Mario Mayordomo defendiéndose brillantemente de una humillación pública. Convirtiendo el ataque en contraataque. Pero igualmente a mí algo no me cuadraba. Durante seis meses pensé que algo raro pasaba, pero bueno..., a mí qué más me daba. Lo olvidé. Lo olvidé hasta que me enteré de que Morti estaba metido también en esto, de que te había pegado y de que seguramente había pegado también a Segur...

—No entiendo cómo...

—Calla, tonto, y te lo explico. Segur descubrió que Morti le pasaba los exámenes a Ester. No es que estuviera investigando ni nada parecido. Fue por casualidad. Ya sabes cómo es Segur. Se entera de las cosas por casualidad. De todo, pero de todo por casualidad. Esta vez tuvo, por casualidad, muy mala suerte porque se metió en algo mucho más peligroso que un chisme o un rumor. Un día pilló a Ester y Morti en el parque pasándose unas carpetas y ató cabos. Y no pudo resistir la tentación. Tener algún que otro examen no estaría mal… Segur asegura que lo dijo en broma, que él no quería ningún examen. Puede. No sé. Lo que sé es que Morti se lo tomó en serio y aprovecharon todo lo de la investigación para asustarte, porque el director también pilló a Morti robando exámenes. Y, digamos, que le encargó lo de la paliza.

—Pero cómo sabías tú que… ¿Y conseguiste que la madre de Segur te dejara verle?

—Sí, me hice pasar por una… «muy buena amiga». Y Segur no tuvo problemas en decirme la verdad. Ya sabes que si le presionas es un poco bocas. Entonces empecé a preguntarme por qué no castigaba a Ester y denunciaba a Morti y punto. Tenía algo que esconder. ¿Quién puede saber algo de esconder cualquier cosa en el colegio?

—¡Freddy!

—Exacto. Freddy sabía lo del pequeño laboratorio de Su Excelencia. Así que fui a hablar con él. Por eso me tuve que ir de tu casa. Me dijo que si quería hablar con él tenía que ser fuera del horario del colegio. Él escogió la hora y el lugar. Yo pensé que podríamos quedar lejos de la escuela. Pero él no quiso. Quiso quedar en la escuela. Supongo que tenía ganas de que alguien descubriera lo del laboratorio. Sin embargo, cuando llegué me dijo que no sabía nada. Qué raro, ¿no? Me cita en el colegio a esas horas para decirme que no sabe nada... No puede meterse en líos. Tiene que ser prudente.

—Sí..., tuvo problemas con la poli, ¿no?

—Sí. No le conviene perder el trabajo... pero bueno, ése es otro tema. Es un buen tío, lo sabemos todos. El caso es que el director le amenazaba con que si contaba algo le denunciaría por robar o por cualquier cosa que se le ocurriera. Al fin y al cabo, la palabra del director de un colegio siempre sería tomada más en serio que la palabra de un tipo de mantenimiento con antecedentes. Ya sabes cómo van esas cosas.

—Ya... —asintió Mario con la cabeza, pensando sólo en volver a salvar a Sofía dándole un beso que la desconectara de nuevo.

—Pero ya te digo que Freddy se portó bien, todo lo bien que podía portarse. Me dijo que no me metiera y me dijo: «Narnia».

—¿Narnia?

—Sí, Narnia. Y eso es lo que yo también me pregunté. ¿Narnia? Y vi que dejaba la puerta de la sala de material abierta. Entré y no pude ver nada. ¿Narnia? Y vi un armario y yo pensé «¡NARNIA!». Y apareció el laboratorio. Flipé. Ya lo tenía. Tenía el caso resuelto, o como mínimo en ese punto en que la policía ya podía empezar a hacer preguntas y sospechar que Pons no había muerto de un ataque de risa... sino de un ataque de la RISA... Pero cuando ya estaba saliendo del laboratorio, ¡sorpresa! El director.

—¿Freddy te traicionó?

—No. ¡Qué va! Él me dio una copia de las llaves para que saliera. Él no podía quedarse. Estoy segura de que él no me traicionó. ¿Qué sentido tenía? No, él no. Además, el director, cuando me vio y me secuestró, dijo que iba a hacer que metieran a Freddy en la cárcel. Que se iba a enterar y que bla, bla, bla…

—¿Le dijiste que había sido Freddy quien te había dejado entrar?

—Bueno…, no exactamente. Pero, como tú, sospeché que Freddy me había traicionado, así que lo maldije y luego vi que él también lo maldecía, así que no fue muy complicado deducir que había metido la pata. Fallo de apreciación —dijo ella sacando de nuevo la lengua—. Y eso es todo. No sé… Te lo he explicado de la mejor manera que he sabido. Como dicen en la tele: esto es lo que pasó y así te lo he contado.

—¿Y Rosario?

—Siguió otro camino. Ella llevaba tiempo infiltrándose en la RISA. Y les enseñó dónde estaba su padre, en qué hospital estaba, para que confiaran en ella. Cuando pudo, aprovechó para reducir a Ricardo… Pero hay más, Mario. Hay más miembros de la RISA. Esto no ha acabado. Parece que sí, que por el momento sí, pero la RISA volverá. Seguro que volverá.

—Pero ¿por qué no esperaste a que yo...?

—Mario, tú pasas de todo. ¡Si hasta para que me besaras te han tenido que obligar! Si no te lo dan todo hecho, tú no mueves un dedo, ya no digo la lengua… Por eso pensé que sería mejor moverme sola.

—¡Pero viniste a mi casa a investigar conmigo! —protestó Mario esquivando el reproche de Sofía.

—Fui para hacer tiempo. Tenía que entrar en el laboratorio y encontrar pruebas que llevar a Rosario.

La pobre ha estado presionada por sus jefes para que lo dejara todo. Si te veían con ella la iban a suspender, a despedir o a apresar... Por eso te dije que te alejaras de ella. Para que ella no tuviera problemas... No, tranquilo, no tenía miedo de que te enrollaras con ella.

—Jo, a mí nadie me explicaba nada —se quejó Mario—. Todos sabías siempre algo más que yo.

—Pero tú me salvaste.

—Sí, eso sí.

—Podrías volver a salvarme de vez en cuando, ¿no? —dijo Sofía acercando sus labios a los de Mario.

—No sé..., ya sabes que a mí se me ha de dar todo hecho.

70. El papel

—Bueno, ¿le habéis cogido afición a eso de besaros o es que ella ha tenido una recaída?

Era la voz de Rosario, que sonreía haciendo sonreír también a su cicatriz. Al oírla Mario y Sofía se separaron, un poco rojos por la vergüenza que les hizo sentir el comentario y también por la falta de aire.

—Esto no ha acabado, de eso podéis estar seguros. El Mono sólo es uno más. Uno que ha ido muy lejos, pero la RISA sigue en activo. Estoy segura —dijo Rosario apoyándose en la pared del instituto, cansada, sin energía.

—Sí, ya me lo ha dicho ella —dijo Mario, esforzándose por poner cara de enfado—. ¡Jo! Las dos sabíais más que…

—Bueno, no te pongas así. Sofía es una chica lista. Si el Mono os hubiera pillado a los dos, ¿quién nos hubiera salvado? Sobre todo a ella.

—Muy graciosa —contestó Mario, que estaba demasiado entusiasmado con que Sofía quisiera ser «salvada de vez en cuando» por él como para enfadarse de verdad—. ¿Qué te ha dado tu padre?

—Un papel —dijo ella, que llevaba el papel en la mano.

—¿Qué dice? —preguntó Sofía.

—No lo sé.

—¿No lo vas a leer? —preguntó Mario.

—Sí, supongo que sí.

Y Rosario no aguantó más y lo leyó.

—¿Qué pone? —preguntaron los dos casi como si estuvieran cantando el estribillo de la canción del verano.

Rosario no contestó. Sonrió con una mezcla de tristeza, melancolía y esperanza, se guardó el papel en el bolsillo y dio media vuelta diciendo:

—Hacéis una muy buena pareja de detectives. Tal vez pronto os necesite. Os llamaré.

Y Mario se quedó pensando si aquello era otra broma o iba en serio.

FIN

COLECCIÓN PERISCOPIO

César Mallorquí, *Las Lágrimas de Shiva*
José María Latorre, *La isla del resucitado*
Javier Negrete, *Memoria de dragón*
Alfredo Gómez Cerdá, *A través del cristal empañado*
Pau Joan Hernàndez, *La Tripulación del Pánico*
Cristina Macía, *Una casa con encanto*
Andreu Martín, *Ideas de bombero*
Elia Barceló, *La roca de Is*
César Mallorquí, *La puerta de Agartha*
Andreu Martín, *Los dueños del paraíso*
José Mª Plaza, *No es un crimen enamorarse*
Jordi Sierra i Fabra, *El asesino del Sgt. Pepper's*
Germán Diéz Barrio, *Un verano... faxcinante*
Lola Gándara, *La oscura luz del Tíber*
Alice Vieira, *Chocolate con lluvia*
Blanca Álvarez, *Tres besos*
Jordi Sierra i Fabra, *Donde el viento da la vuelta*
Gabriel García de Oro, *Un ataque de risa*
Laura Gallego, *La hija de la noche*
Fernanda Krahn Uribe, *El otro techo del mundo*
Pere J. Carbó, *La corta-rápid*
Malcolm Rose, *Dosis letal*
Joan Manuel Gisbert, *La Voz de Madrugada*
María M. Vassart, *¿Y ahora qué?*
Fernando Lalana, *El enigma N.I.D.O.*
Manuel Alfonseca, *Tras el último dinosaurio*
José Antonio del Cañizo, *El castillo invisible*